日曜日の台所

笠原将弘のごちそう帖

おうちでカンタン！プロの味

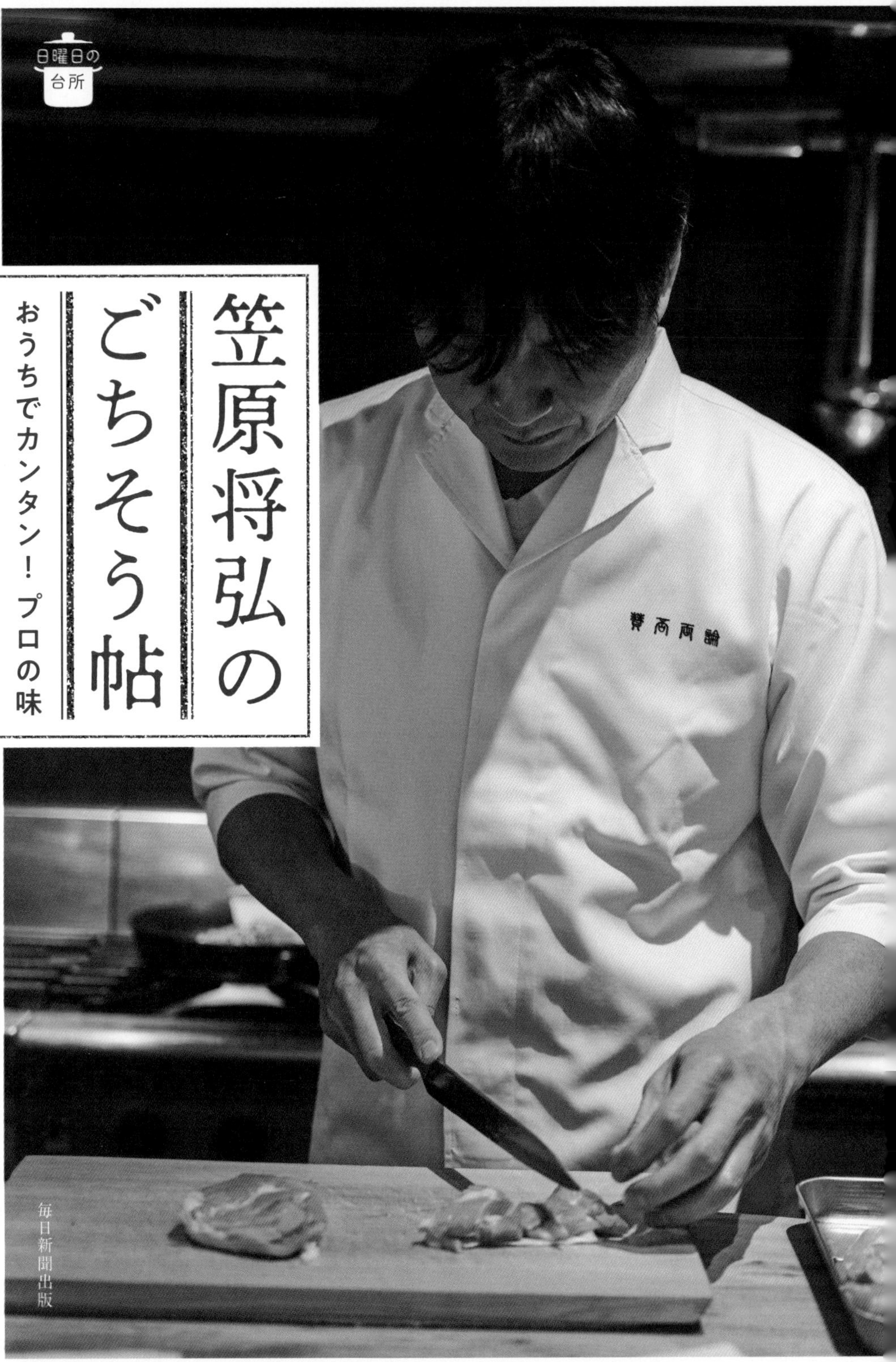

毎日新聞出版

賛否両論

和食で皆を幸せに

僕は日々、自分の店の厨房に立ち、料理を作っています。

メディアや料理教室では常に、今自分が一番おいしいと思う作り方をアップデートしながら紹介してきましたが、この数年、世の中が大きく変わり、気が滅入るようなことが多い。けれど、自宅で自分のためにご飯を作ることが増えたという人も多いでしょう。

老若男女、和食が嫌いな人はいない。和食が上手に作れたら、自分だけでなく周りの皆の幸せが増えると僕は信じています。

本書は毎日新聞の日曜版「往復食簡」で紹介したレシピをまとめたものです。連載を通して、皆さんの幸せづくりのお手伝いができたら光栄だと思ってレシピを考案してきました。連載中、読者の方からの「作ってみた」「おいしかった」という声が届き、うれしかったです。本当にありがとうございました。

ここに紹介したレシピが、皆さんの台所で繰り返し作られ、食卓にのぼるといいな、と願っています。

「賛否両論」店主
笠原将弘

目次

和食で皆を幸せに　2
笠原流　基本のだし　28

一　笠原さんの「とっておき」

おうち焼き鳥　30
親子丼　32
だし巻き卵　34
万能肉みそ　36
鶏そぼろ三色丼　38
鶏唐揚げ　40

二　肉・卵・豆腐

鶏もも照り焼き　黄身おろし　46
肉ジャガ　48
五目茶わん蒸し　50
鶏つくね鍋　52
豚バラと大根のべっこう煮　54
豚こまみそショウガ焼き　55
豚かす汁　56
和風ハンバーグ　57
からし焼き豚　58
豚バラの土手煮風　59
モツ煮込み　60
鶏胸肉とピーマンの塩昆布炒め　61
和風ローストビーフ　62
揚げ出し豆腐そぼろあんかけ　64
和風麻婆豆腐　65
鶏胸肉と長イモのおかき揚げ　66
手羽先のチューリップ唐揚げ　68
トマトと鶏ささみのフライ　70
名古屋風手羽唐揚げ　72

三　魚介

タイの若竹煮　76
サバのショウガ煮　78
サケの焼き漬け　80
カツオとトマトのたたき　82
サーモンのトマト照り焼き　84

サーモン酒蒸し　梅ゴマだれ 85
イカとカブの酒盗あえ 86
タイと白菜の塩昆布サラダ 87
和風エビチリ 88
ニラツナチーズ春巻き 89
カキの豚バラ巻きみぞれ鍋 90
マグロとサーモンのポテサラすし仕立て 92

四 野菜

ささみとスナップエンドウのゴマあえ 94
シイタケとレンコンの肉詰め焼き 96
冷や汁 98
山形の「だし」 100
キノコ、サツマイモ、ベーコンの白あえ 102
いろいろキノコのけんちん汁 103
切り干し大根のハリハリ漬け 104
春キャベツと桜エビのかき揚げ 105
ホタテと白菜のうま煮／白菜のからし漬け 106
モヤシの卵そぼろあんかけ 108

五 ご飯・麺

新ショウガとアジの炊き込みご飯 110
サツマイモと秋ザケの炊き込みご飯 112
いろいろ手まりずし 114
軍艦いなりずし 116
タコライス 117
おそば屋さん風カレー丼 118
鶏とレンコンのすり流しそば 120
梅とろろそうめん 122
ホタテとカブのあんかけ焼きそば 123

料理をする前に

＊計量の単位は、大さじ1＝15ccです。
＊野菜の「洗う」「皮を剝く」や魚の「洗う」などの下処理の記述は基本的に省略しています。
＊材料表の「適量」はその人にとってちょうどいい量のことです。
＊電子レンジの加熱時間は500Wを目安としています。
＊電子レンジで加熱する時間はメーカーや機種によっても異なりますので、様子を見て加減してください。コンロ（ガス、IH）なども同様です。加熱する際は付属の説明書の使い方を守ってください。

賛否両論

笠原流 基本のだし

家庭で、プロの料理人のように毎日、一番だしや二番だしをひくのは大変です。

簡単、手軽で使い勝手のよい、家庭用におすすめのだしの取り方をお教えしましょう。

煮物、みそ汁、吸い物など何にでも使える万能だしです。昆布やカツオ節は、スーパーで手に入るもので十分。普段は市販のだしの素を使っている人もぜひ一度、試してみてください。普段のおかずがワンランク、いやツーランクアップしますよ。

［材 料］(2人分)

水……………1000cc
だし昆布……10g(15cm角1枚)
カツオ節……20g

1

2

3

4

5

6

［作り方］

1 鍋に分量の水を入れ(写真1)、だし昆布とカツオ節を入れる(写真2・3)。

2 中火にかけ、沸騰したら弱火にして5分煮る(写真4)。

3 キッチンペーパーを敷いたこし器かザルでざっとこす(写真5)。

4 最後はお玉で押して(写真6)、だし昆布とカツオ節のエキスを絞り切る。「絞らない」というのがセオリーだが、家で使うだしは絞ってOK。パンチのあるうまみの強いだしになる。

一

笠原さんの「とっておき」

タレと塩、二つの味わい

外で食べる焼き鳥は格別の味ですが、家で楽しむ焼き鳥を伝授します。焼き鳥は好きだけど作るときに、生の肉に串を刺すことと、焼く過程がネックになる人が多いと聞きました。

でも、これはフライパンで作るし、先に味付けをしてしまうので、簡単です。晩酌用には串を刺して、また、ご飯の上にのせれば、「焼き鳥丼」になります。お試しあれ。

MEMO

鶏もも肉はタレのおいしさをしっかりまとわせて、鶏胸肉は塩でさっぱりと。どちらもそれぞれの肉の食感、うまみが堪能できます。余った皮はスープのコク出しに使えます。

おうち焼き鳥

[材料]（2人分）

- 鶏もも正肉……………1枚
- 鶏胸肉…………………1枚
- シシトウ………………10本
- 塩………………………適量
- サラダ油………………大さじ2
- 七味唐辛子……………少々
- レモン…………………½個
- A
  - しょうゆ……………大さじ3
  - みりん………………大さじ3
  - 砂糖…………………大さじ1

[作り方]

1. 鶏もも肉は皮を剝いで一口大に切る。鶏胸肉は皮を剝いで一口大に切る。
2. シシトウはヘタを切り、破裂防止に小さな切れ目を入れる。長ネギは3㎝長さに切る。
3. フライパンに油大さじ1を入れ、鶏胸肉に塩をふって中火で焼く。シシトウも一緒に焼く。焼けたら取り出しておく。
4. フライパンをきれいにして、油大さじ1を入れ、中火で鶏もも肉と長ネギを焼く。焼き目がついたらフライパンに出た油をふいてAを加えて（写真1）強火でつやっとするまで煮からめる（写真2）。
5. 3と4を串に刺し（写真3）、それぞれ器に盛り、切ったレモン、七味を添える。

1

2

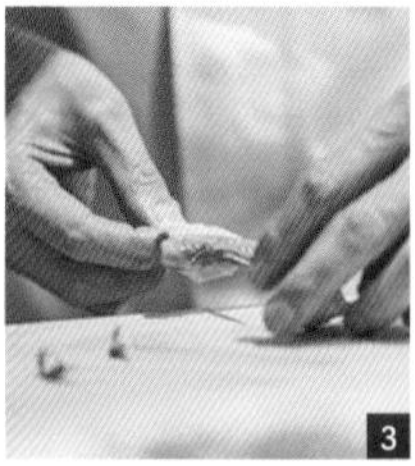

3

親子丼

決め手は火加減

自分の店で丼は出しませんが、鶏料理の人気のメニュー・親子丼を、というリクエストに応え、おうちでできる笠原バージョンをお教えします。

おいしく仕上げる決め手は火加減です。肉も溶き卵も余熱を利用し、火を入れすぎないように気をつけて。

丼に具材をのせるのが苦手、とか失敗した経験がある人も多いようです。盛りつけが心配な人は大きくて、広く浅めの器を使うといいですよ。多少ずれても大丈夫。上手に盛りつけることができます。

MEMO

調味料を混ぜる順番は、だし、しょうゆ、みりん、砂糖です。溶けにくいものを最後にすることで味のなじみがよくなるので、順番は守ってください。

[材料] (2人分)

- 鶏もも正肉……小1枚(200g)
- 長ネギ……1/2本
- 卵……4個
- ご飯……適量
- ミツバ……3本
- 刻みノリ……適量

A
- だし……150cc
- しょうゆ……大さじ2
- みりん……大さじ2
- 砂糖……小さじ2

[作り方]

1 鶏肉は一口大のそぎ切りにする。

2 長ネギは斜め薄切りに、ミツバは軸を小口切り、葉はそのままにする。

3 Aをよく混ぜ合わせる。

4 1人前ずつ作る。丼にご飯をよそっておく。小鍋に1、長ネギ、Aの各半量を入れて中火にかけ、鶏肉に火が通るまで煮る(写真1・2)。

5 卵2個分を溶きほぐして中心から外側に円を描くように2回に分けて細く回し入れる(写真3)。

6 半熟状で火を止め、丼に滑らせるようにのせる。ミツバと刻みノリをちらす。

1

2

3

だし巻き卵

とろとろ、ふわふわ絶品の味！

だし巻き卵はシンプルだけど、難しいと思う人が多いようです。今はだし巻き卵の専門店もあり、テイクアウト専門店も増えました。スーパーでも名店の味が楽しめます。でも、自分でも作れたら最強ですね。

　ということで、笠原流の作り方をお教えします。

　だしを使っておいしく仕上げましょう。ここでも調味料は表記の順番で混ぜてください。調味料を卵に直接入れないのも、味にムラが出ないポイントです。

　卵を巻いていくところが難しいと思う人も多いでしょう。多少破れても巻いてしまえばわかりません。最後の仕上げは親子丼同様、火加減、焼き時間に注意。余熱も計算に入れて作りましょう。

　家で作ると、できたての熱々ふわふわのおいしさが味わえます。きっとやみつきになりますよ。

MEMO

色をきれいに仕上げるために、しょうゆは薄口しょうゆを使います。あえものや煮物など、素材の色を活かす料理にも重宝します。おうちに常備してほしい調味料の一つです。

［材料］（作りやすい量）

卵……3個
サラダ油……適量
大根……3cm（100g）
しょうゆ……少々

A
だし……90cc
薄口しょうゆ……小さじ1
みりん……小さじ1
塩……1つまみ

［作り方］

1 大根はすりおろして水気を切る。
2 Aはよく混ぜ合わせておく。
3 ボウルに卵を割り入れ溶きほぐし、2を加えてよく混ぜ合わせる。
4 卵焼き器に油をなじませ中火で3を3回に分けて流し入れ、そのつど奥から手前に巻いて焼く（写真1・2・3）。
5 一口大に切り分け、1を添え、しょうゆをたらす。

1

2

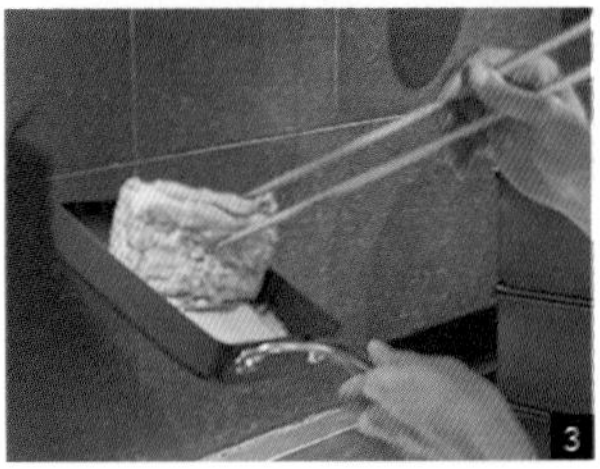
3

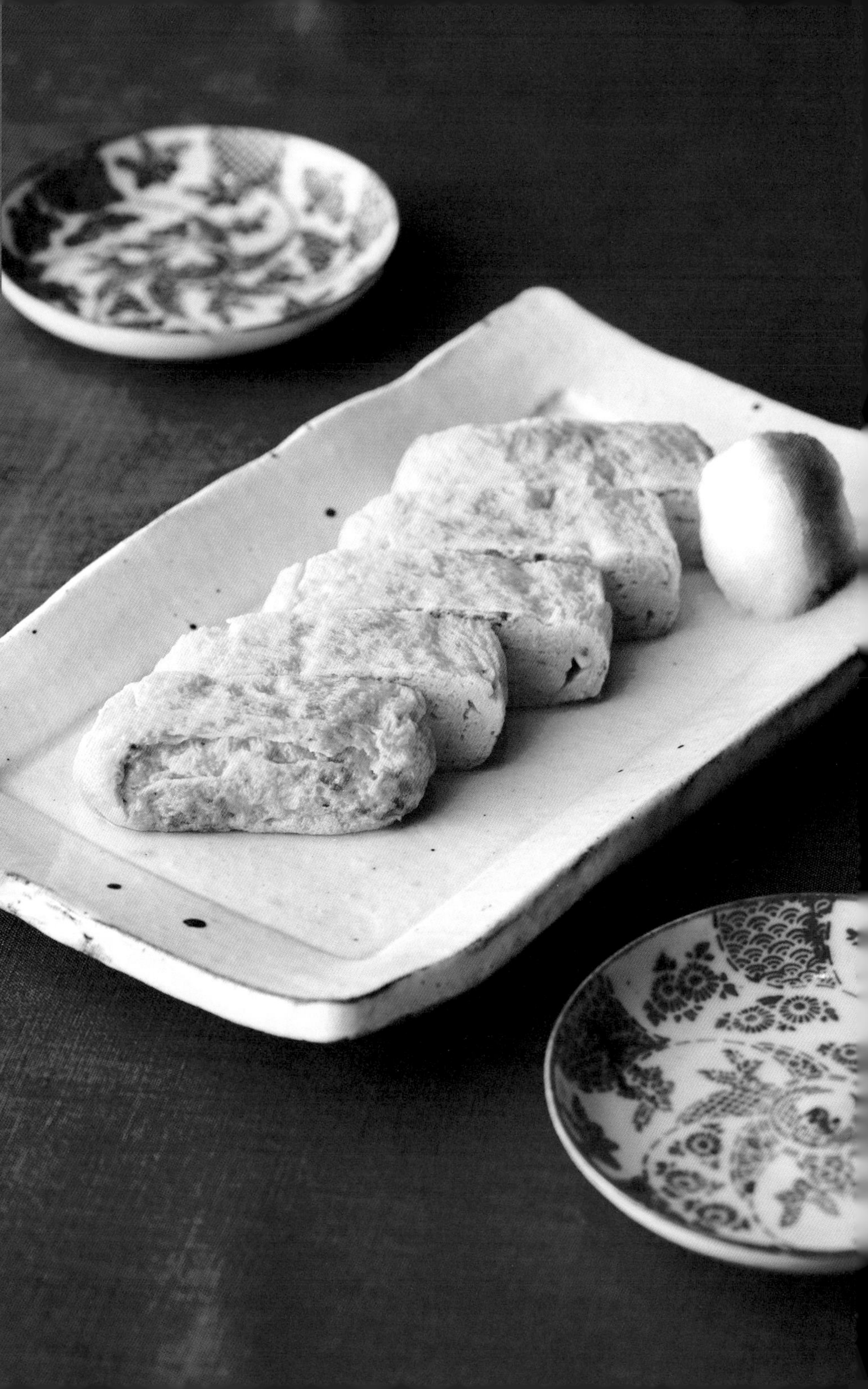

万能肉みそ

野菜やご飯にかけるだけ

作り置きができて、食べ応えのある肉みその作り方をお教えします。

決め手はゴボウとみそです。みそは使う種類によって味わいが変わります。お好みで。今回は辛口の信州みそと赤みそを使いました。

ゴボウは水にさらしてアクを抜きたくなりますが、ここでは水にさらしません。味にコクと深みが出るので、水にさらしたい気持ちをぐっとこらえて、勇気を持って試してみてください。

今回はゆでたジャガイモにのせましたが、サトイモやブロッコリーなどの蒸し野菜にのせてもいいですし、豆腐にのせても。ご飯やうどん、パスタに絡めても。この1品でおつまみが一つできますよ。

MEMO

保存は冷蔵庫で1週間が目安です。これが冷蔵庫にあれば、怖いものなし。ぜひ、お試しください。

［材料］（作りやすい量）

豚ひき肉……200g
シイタケ……3枚
ゴボウ……細1本（100g）
ジャガイモ……2個
サラダ油……適量
白ゴマ……大さじ1

A
信州みそ……150g
赤みそ……50g
卵黄……3個
酒……100cc
砂糖……120g

［作り方］

1 シイタケ、ゴボウはみじん切りにする（写真**1**）。ゴボウは水にさらさない。

2 フライパンに油を入れ、**1**とひき肉を入れ、香りが立ち、ほぐれるまでじっくり炒める。

3 混ぜ合わせておいたAを加え（写真**2**）、弱火で焦がさないように木ベラで練る。ぽてっとしたら火を止め（写真**3**）、白ゴマを混ぜ合わせて冷ます。

4 ジャガイモは皮付きで軟らかくなるまでゆでる。

5 器に**4**を盛り、**3**をかける。

1

2

3

彩りも栄養もバランスよく

鶏ひき肉を使った定番で人気の料理をもう一品紹介します。お弁当にぴったりの三色丼を作ります。

僕は子どもたちに毎朝お弁当を作っていますが、鶏そぼろもよく作ります。作り方をマスターしておきたい一品です。

ひき肉はコクを出したいならもも肉100%で、さっぱりさせたいなら胸肉100%で、または両方のミックスなどでもOKです。野菜は今回はインゲンを使いましたが、シシトウもいいですね。

お弁当のフタを開けたときのインパクトも味わいもどちらも大満足の一品です。

MEMO

卵の味付けに入れる豆乳はだしのような役割。入れるとおいしくなります。調製でも無調整でもお好きなほうで。なければ牛乳でもOK。

鶏そぼろ三色丼

1

2

3

4

［材料］（2人分）

鶏ひき肉……250g
卵……2個
インゲン……8本
かつお節……3g
サラダ油……大さじ2
ご飯……適量

A
水……100cc
しょうゆ……大さじ3
みりん……大さじ2
酒……大さじ2
砂糖……大さじ2

B
豆乳……大さじ4
薄口しょうゆ……小さじ1
砂糖……大さじ1

C
酒……大さじ1
しょうゆ……大さじ½
みりん……大さじ1
一味唐辛子……少々

［作り方］

1 インゲンは小口切りにする。

2 鍋にひき肉とAを入れ箸4〜5本でかき混ぜながら（写真1・2）中火にかける。完全にほぐれて火が入って煮汁が澄んだら火を止め、そのまま冷ます。

3 卵は割りほぐしてBと混ぜ合わせる。フライパンに油大さじ1を入れ、中火で炒めて炒り卵にする。

4 別のフライパンに油大さじ1を入れ、中火で**1**を炒め、しんなりしたらCを加えて炒め、カツオ節を仕上げにからめる（写真3）。

5 器にご飯を入れ、**2**、**3**、**4**を彩りよく盛り付ける。多めに作った場合は保存容器に入れて冷蔵庫へ（写真4）。2〜3日は保存できる。

鶏唐揚げ

おいしさの決め手は2度揚げ

みんな大好き鶏唐揚げはリクエストの多い一品です。おうちでも簡単に作れるレシピをご紹介します。

鶏肉は揚げると縮むので、食べ応え重視で大きめに肉を切ります。もも肉と胸肉で切り方を変えるのもポイントですね。ムネは硬くなりやすいのでうすいそぎ切りに。

揚げるコツは2度揚げです。少し面倒と思うかもしれませんが、1回揚げて、休ませ、その間に余熱で火が入ることで中はジューシーに。2度目は高温でカラッと仕上げます。このひと手間は惜しまずに。

ご飯にもビールにも合う唐揚げを一度味わうと、絶対に2度揚げしたくなりますよ。お試しください。

MEMO

鶏肉は水分が多いので、最初は低温でじっくり、2度目は高温で短めに、と覚えておきましょう。

［材 料］（2人分）

- 鶏もも正肉……1枚
- 鶏胸肉……1枚
- サラダ菜……適量
- レモン……½個

A
- しょうゆ……大さじ4
- みりん……大さじ4
- 塩……2つまみ
- おろししょうが……小さじ1
- おろしにんにく……小さじ½
- こしょう……少々

- 片栗粉……適量
- 揚げ油……適量

［作り方］

1 鶏もも肉は大きめの一口大、鶏胸肉は皮を剝いで一口大にそぎ切りにする

2 ボウルにAを合わせ、1を入れて手でもみ込んで30分おく。（一晩おいてもOK）

3 2の汁気を切って片栗粉をまんべんなくまぶしてバットに並べ、常温で10分おく（写真1）。粉がなじんで揚げたときにカリッとする。

4 170℃の揚げ油で3を3分揚げて（写真2）取り出し、3分休ませ、もう1～2分、少し火を強めて揚げる（写真3）。

5 器にサラダ菜を敷いて4を盛り、切ったレモンを添える。

1

2

3

二

肉・卵・豆腐

鶏もも照り焼き 黄身おろし

皮はパリッと、中はジューシーに

「鶏もも肉」料理の定番は照り焼きです。「皮はパリッと、中はジューシー」が、目指す焼き方です。パリッとさせるには「動かさず、とにかく我慢」。鶏肉は皮目から入れて、最初にしっかり上から押さえつけ、動かさずにじっくり焼きます。

焼くときはフタをしないでください。フタをすると肉から水分が出て、ベシャッとしてしまうからです。

裏返すのも1回だけ。皮のパリパリを確認して、身のほうを焼くときまで7〜8分我慢しましょう。鶏を焼いたときに出る脂はきちんとふき取りましょう。残っているとタレがうまくからみません。

照り焼きのタレの「黄金比率」は、酒、みりん、しょうゆが1対1対1の割合。砂糖はほかの調味料より少なめにします。何度か作ってみて自分好みの甘みを覚えておくと味がぶれません。たくさん作っておくといつでも照り焼きが楽しめます。

卵黄で作る「黄身おろし」は和食でよく使われる添えものです。鶏肉と一緒に「親子」で味わってみてください。ポークやビーフのステーキやローストビーフにもよく合います。

MEMO

素材をタレにつけてから焼くと焦げやすくなるので、焼いた後、最後に煮からめるのが失敗しないコツ。これはブリの照り焼きなどにも応用できます。覚えておいて損はナシ！ですよ。

［材料］（2人分）

- 鶏もも肉……………1枚（300g）
- シシトウ……………6本
- サラダ油……………大さじ1
- 大根……………5㎝（150g）
- 卵黄……………1個
- 一味唐辛子……………少々

A

- 酒……………大さじ2
- みりん……………大さじ2
- しょうゆ……………大さじ2
- 砂糖……………小さじ1

［作り方］

1. 大根はすりおろして水気を切り、卵黄と混ぜ合わせる（写真1・2）。
2. シシトウは切れ目を入れる。
3. 鶏肉は余分な脂や筋を取り、包丁で厚みのある部分を切り開いて広げ、全体の厚みを均等にそろえる。
4. フライパンに油を入れ、3を皮目から入れて中火にかける。
5. 最初の2分ほど、上から木ベラかフライ返しで押さえつけながら焼き、さらに動かさず5〜6分焼く。皮目に焼き色がついてパリッとしたら、返して弱火で4〜5分焼く。空いたところで2を焼く。
6. ペーパータオルで油をふいてAを加え、フライパンを揺すりながら煮からめる（写真3）。
7. 一口大に切って器に盛り付け1を添え、好みで一味唐辛子をふる。

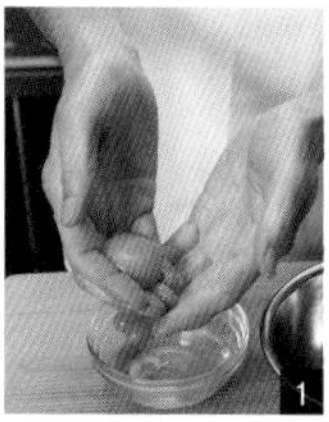
1

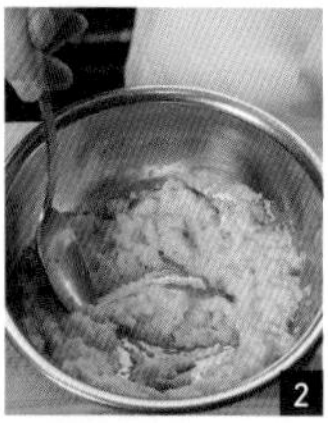
2

3

フライパンでホクホク

家計の味方、豚コマ肉で定番の肉ジャガを作ります。短時間で煮物を仕上げたいときに、最適なのはフライパンです。鍋に比べて熱源に触れる底の面が広いので、素材にまんべんなく味が染み込むし、水分もとびやすいのでジャガイモもホクホクに仕上がります。和食にもフライパンをどんどん活用してください。

肉ジャガは、肉と野菜を同時に入れて煮る作り方もありますが、僕はまず、肉とタマネギを先に炒めます。肉はこんがり焼き色がつくよう、しっかり炒め、香ばしさを出しましょう。肉から出た脂もうまみになります。その後、調味料を加えて1分ほど炒め合わせます。先に肉に十分味をつけておくと、おいしさが引き立ちます。

だしを加えてアクを取った後に、残りの野菜を加えて煮ます。煮汁はだしだけ。肉から出るうまみが大事な調味料になります。ジャガイモが軟らかくなったらできあがり。そのまま食べてもおいしいけれど、一度冷ますと味がなじみます。

MEMO

ジャガイモは煮ると溶けやすいので、だいたい3㎝角くらい、大きめに切ること。ニンジンはひとまわり小さめに。崩さないようにやさしく混ぜ、盛り付けてください。

肉ジャガ

[材料](2人分)

豚コマ切れ肉……200g
ジャガイモ……中3個
タマネギ……½個
ニンジン……½本
ゴマ油……大さじ1
だし……300cc
A しょうゆ……大さじ3
A みりん……大さじ1
A 砂糖……大さじ1

[作り方]

1 ジャガイモは皮をむき、大きめの一口大に切る(写真1)。ニンジンは皮をむいて乱切りに、タマネギは皮をむいて8等分のくし切りにする。

2 フライパンにゴマ油を入れ、中火で肉とタマネギを炒める。

3 肉にしっかり焼き色がついたらAを加え(写真2)、1分ほど炒め合わせる。

4 だしを加えて強火にし、ひと煮立ちさせてアクを取る。ジャガイモとニンジンを加え、アルミホイルをかぶせて落としブタにし、弱火で約10分煮る。

5 ジャガイモが軟らかくなったら火を止める。具材を崩さないよう全体をやさしく混ぜ、器に盛る。

五目茶わん蒸し

フライパンを使って、気軽に

和食で「定番の卵料理」といえば、やっぱり茶わん蒸しを最初に挙げたい。家庭で普段、どのくらい作っていますか?

蒸し器を使うのが面倒、そもそも持っていない、という方もこのレシピなら蒸し器は不要。深めのフライパンで気軽に挑戦できます。だしはだしの素ではなく、ぜひ自家製だしを使ってほしいです。

フライパンで沸かすお湯は、茶わん蒸しの器が半分つかるくらいの量で。沸騰してから器を並べ、フタをして湯が静かに沸き上がるぐらいの弱火で15分ほど蒸します。ぼこぼこと湯を沸かすと卵液に湯が入ってしまうので、ごく弱火で。途中で火加減を変える必要はありません。フタの裏から水滴が落ちるので、ペーパータオルを1枚、器の上にかぶせておきましょう。

MEMO

卵液は一度ザルでこすと舌触りがなめらかに。手持ちのザルで構いません。お試しください。具材はアスパラの代わりに絹サヤ、空豆、小さく切ったスナップエンドウでもOK。春らしい色合いになります。

【材料】(2人分)

卵……1個
殻付きエビ……2匹
アスパラガス……1本
鶏もも肉……50g
シイタケ……1枚
かまぼこ……2切れ
A
だし……180cc
薄口しょうゆ……小さじ2
みりん……小さじ2

1

2

【作り方】

1 エビは殻をむき、背わたを取る。
2 鶏肉は小さめの一口大に切り、軽く塩(材料外)をふっておく。
3 シイタケは軸を取って2等分に切る。アスパラは硬い根元を落とし、ピーラーで根元から⅓まで皮をむいて一口大の乱切りにする。
4 卵をボウルに割り入れ、よく溶いてAを加え、しっかり混ぜ合わせる。ザルで一度こす(写真1)。
5 耐熱の器二つに1、2、3とかまぼこを入れ、4を流し入れる。
6 深めのフライパンに器が半分つかる量の湯を沸かし、5を入れ(写真2)、器の上にペーパータオルを被せる。フタをしてごく弱火で15分蒸す。写真のように表面に具材を見せたい場合は、卵液がある程度固まってから途中でフタを開け、トッピングするように加える。

鶏つくね鍋

寒い日の夜はやっぱり「鍋」

寒い日の鍋といえば、僕のイチ推しは体の芯まで温まる「つくね鍋」です。

実家の焼き鳥屋で出していた、自慢の鍋レシピをご紹介しましょう。だしを取らなくても鶏のうまみがシンプルに味わえる、極上のスープです。

つくねの味のポイントは、甘みのあるタマネギ。すりおろすと水分がたくさん出ますが、あまり味がよくないので水気はしっかり絞って取り除きます。そうすると甘みだけが残って独特の辛みや香りは消えます。

一番頑張ってほしいのは、ひき肉を練るとき。粘りが出るまで時間をかけてしっかり練ってください。ふわふわのつくねを作るためには、この手間を惜しまないで。つくねはきれいに丸くしなくても大丈夫。スプーンで鍋に落とすだけでもOKです。

スプーンで落とし入れたつくねのたねが浮いてきたら、旬の白菜や長ネギなどをさっと煮て、春菊を加えたら完成！

MEMO

鍋の「締め」は何がおすすめか、よく聞かれますが、もう何だってOK。雑炊でも麺でも。にゅうめんや稲庭うどんだって合います。ぜひ、いろいろ試してみてください。

［材料］（4人分）

- 鶏ひき肉（もも）……300g
- タマネギ……大1個（約300g）
- 白菜……¼個
- 長ネギ……1本
- シイタケ……4枚
- 春菊……½束
- 黒コショウ……少々

A
- 卵……½個
- 片栗粉……大さじ1
- しょうゆ……大さじ1
- みりん……大さじ1
- 砂糖……小さじ1
- 塩……少々

B
- 水……1200cc
- だし昆布……5g
- 薄口しょうゆ…大さじ4
- みりん……大さじ4

［作り方］

1 白菜はざく切り、シイタケは軸を取って2つ切り、長ネギは斜めに切る。春菊は葉だけを摘む。

2 タマネギはすりおろしてガーゼや厚手のペーパータオルなどで包み、ギュッと絞る（写真1）。水分が出なくなるまでしっかり水気を取る（写真2）。

3 ボウルにひき肉と2、Aを入れ、粘りが出るまで手で練る（写真3）。

4 鍋にBを入れて火にかけ、沸騰したら弱火にする。3をスプーンで丸めながら落とし入れ、浮いてくるまで火を通す。

5 白菜、長ネギ、シイタケを入れてさっと煮る。春菊を加え、黒コショウをふる。

1

2

3

豚バラと大根のべっこう煮

冬の旬を満喫 食卓のメインに

「冬が旬」と聞いて真っ先に思い浮かべた野菜は大根でした。甘くておいしい。「べっこう煮」とは濃い色で照りを出した煮物のこと。煮物というとだしが必須と思われがちですが、豚のうまみと大根の甘みがあれば、昆布と一緒に煮るだけで十分においしい。豚バラ肉も大ぶりに切って、メインのおかずとしてドーンと食卓に出しましょう。

煮るときはアルミホイルを落としブタにして。中で煮汁を対流させるようにして、じっくり味を染みこませます。途中で豚肉や大根を裏返す必要もないので、煮崩れしにくくなります。

すべての煮物に言えることですが、作ってすぐ食べても味が染みていないのは当たり前。冷めるときに具材に味が入っていきます。できれば作ってすぐよりも、完全に冷ますか、最低でも粗熱が取れるまで待ってから、食べてほしいですね。味が染みこんだツヤツヤの大根は、本当にごちそうです。

［材　料］（2人分）

豚バラ塊肉・・・300g
大根・・・・・・・・⅓本（500g）
万能ネギ・・・・・5本
練りがらし・・・・少々
だし昆布・・・・・5g

A
水・・・・・・・・・・・・・800cc
酒・・・・・・・・・・・・・100cc
しょうゆ・・・・・・・・・大さじ4
砂糖・・・・・・・・・・・・大さじ4

［作り方］

1 大根は皮をむいて3㎝厚さの半月切りにする。鍋に入れてたっぷりの水を加えて火にかけ、沸騰したら弱火で20分ほど下ゆでする。ザルにあけ、水気を切る。
2 豚肉は3㎝角くらいに切り、鍋に沸騰させたたっぷりの湯に入れ、弱火で1時間ほどゆでる。さっと水で洗ってアクや汚れを取り、水気を切る。
3 別の鍋にAとだし昆布を入れ、1と2を加えて火にかける。沸騰したらアクを取り、弱火にしてアルミホイルをかぶせ30分ほど煮る。
4 万能ネギを10㎝ほどの長さに切って3に加え、さっと煮る。
5 器に盛り、からしを添える。

MEMO
大根と豚肉を別々に下ゆでしておくことがポイント。このひと手間で煮汁がすっきりきれいに仕上がるし、味がグッと違ってきます。厚切りの根菜は「水」からゆでてください。お湯に入れると中まで火が通りません。

豚こまみそショウガ焼き

みそでいつもと違う味

忙しいときに「あってよかった!」と思える作り置きおかずを紹介します。いつもとひと味違う、みそ味のショウガ焼きです。

タマネギは薄切りに、ショウガはすりおろして調味料、豚肉と合わせます。肉にしっかりもみ込み、味をつけましょう。ここまで準備しておけば冷凍保存が可能です。ジッパー付き保存袋に入れ、平らにならして冷凍庫へ。

忙しくて買い物する時間がない、今すぐ何かを食べたいとき。冷凍庫にあるこのショウガ焼きの肉を解凍しましょう!

袋に残った汁も全部フライパンに入れ、一緒に炒めます。冷凍したタマネギは繊維が壊れて軟らかくなっているから、火の通りが早くいつもと違う食感が楽しめます。切った生野菜を盛り合わせたらできあがり。

[材 料](2人分)

豚こま切れ肉…250g
タマネギ……½個
ショウガ……1かけ(15g)
キャベツ……⅙個
トマト……¼個
サラダ油……大さじ2

A
みそ……大さじ3
酒……大さじ2
砂糖……大さじ1
ゴマ油……小さじ2

[作り方]

1 タマネギは薄切りにする。ショウガはすりおろす。
2 ボウルにAを合わせ、1と豚肉を入れてもみ込む。この状態で、ジッパー付き保存袋などに入れて冷凍可能。
3 キャベツは千切り、トマトはくし切りにする。
4 フライパンに油を入れて中火で熱し、2を汁ごと加えて炒め合わせる。冷凍した2を使う場合は、常温にしばらくおくか、レンジで解凍する。凍っている部分がなくなるまで完全に解凍してから炒め合わせる。
5 汁気が少なくなったら皿に3を盛り、4を盛り付ける。

MEMO
冷凍の場合、野菜からかなり水分が出るので強火で水分を飛ばすのがコツです。

豚かす汁

食べると体がポカポカ おかずになるスープ

おかずにもなる具だくさんの汁物は、酒かすを入れた豚汁です。

酒かすはスーパーで売っているものでもいいですが、酒蔵や酒屋さんでできたてを分けてもらうと風味がさらによいのでお試しください。

冬らしく白く仕上げたいので、白みそを使います。甘めの味わいが酒かすとよく合います。

酒かすをだしとしっかり混ぜるには、少しコツが必要です。酒かすが硬いときは最初に手でつぶしておきます。その後、だしを少しずつ加えながら、泡立て器で溶きのばしていくとよいでしょう。

酒かすの効果で、食べると体がポカポカしてきます。初冬の夜長にぜひ、どうぞ。

［材料］（2人分）

- 豚バラ薄切り肉・・・150g
- 大根・・・・・・・・・・・・4cm
- ニンジン・・・・・・・・・・1/3本
- ゴボウ・・・・・・・・・・・・細1/2本（50g）
- コンニャク・・・・・・・・・50g
- シイタケ・・・・・・・・・・2枚
- 万能ネギ・・・・・・・・・3本

A
- 酒かす・・・・・・・・・・・60g
- 白みそ・・・・・・・・・・・大さじ3（なければ普通のみそ）
- だし・・・・・・・・・・・・・200cc

B
- だし・・・・・・・・・・・・・600cc
- 薄口しょうゆ・・・・・・・大さじ2
- みりん・・・・・・・・・・・・大さじ1

［作り方］

1 万能ネギは小口切りに、シイタケは石突きを取って薄切りにする。
2 大根、ニンジンは皮をむいて5mm厚さのイチョウ切りに、ゴボウは斜め薄切りにする。コンニャクは一口大に手でちぎる。
3 2を鍋に入れ、水から下ゆでする。沸騰したら4〜5分弱火でゆでてザルに上げ、水に少しさらして水気を切る。
4 豚肉は3cm長さに切り沸騰した湯でサッとゆで、ザルに上げる。
5 鍋に3と4とBを入れて火にかけ、沸騰したら弱火で7〜8分煮る。
6 別のボウルなどでAを混ぜ合わせる。だし汁は最後に少しずつ加えながら泡立て器で溶きのばしていくとよい。
7 5にシイタケを加え、少し煮る。6を溶き入れて4〜5分煮る。
8 器に盛り、万能ネギを散らす。

MEMO 大根やニンジンなどの根菜類は、水から下ゆでするのが基本。コンニャクや豚肉も下ゆでしておきます。下ゆではひと手間ですが、雑味のない上品な味になります。味も染み込みやすくなるし、だしや酒かすのおいしさをストレートに味わうためにも下ゆでをおすすめします。

和風ハンバーグ

ヘビロテ必至！ ネギソースが癖になる！

週1回ペースで作っても飽きない。これを知っていれば献立に迷うことなし！ そんなレシピを教えて、という編集部のわがままなリクエストに応え、皆さんが大好きなハンバーグをお教えします。酸味の利いた和風のネギソースが癖になりますよ。

ひき肉は、豚肉と鶏肉をミックスします。和風ハンバーグなので鶏肉をミックスしてあっさり軽めに仕上げます。つくねを作るときと同様に、肉が白っぽくなって粘りが出るまで時間をかけてしっかり練ります。

成形したハンバーグは冷たいフライパンに全部並べてから火にかけます。こうすると低温からじんわり火を通すことができるので肉が硬くならず、ふわふわ感が増します。火にかける前なら、並べるのも慌てずにすみます。

ネギソースは、魚や豆腐など何にかけてもOK。いろいろ試してみてください。

［材 料］（2人分）

- 豚ひき肉…200g
- 鶏ひき肉…100g
- タマネギ…¼個
- ミョウガ…2個
- 大葉…5枚
- 大根…3㎝(100g)
- 万能ネギ…3本
- キャベツ…¼個
- 塩…少々
- サラダ油…大さじ1
- 片栗粉…大さじ1
- 酒…大さじ2

A
- しょうゆ…大さじ1
- 砂糖…小さじ1
- 塩…小さじ½
- コショウ…少々

B
- 酢…大さじ3
- しょうゆ…大さじ2
- みりん…大さじ1
- 白すりゴマ…大さじ1
- 砂糖…小さじ1

［作り方］

1. ネギソースを作る。万能ネギは小口切りにしてBと混ぜ合わせる。
2. 大根はすりおろして水気を切る。キャベツはざく切りにしてサッと塩ゆでする。
3. タマネギはみじん切りに、ミョウガと大葉は粗みじんに切る。合わせて片栗粉をまぶしておく。
4. ボウルに2種類のひき肉を入れ、Aを加えて粘りが出るまで手でしっかり練る。
5. 3を4に加えてさっくり混ぜる。
6. 5を小判形に成形して油をひいたフライパンに並べ、中火にかけて焼く。焼き色がついたら裏返す。
7. 両面に焼き色をつけたら弱火にして酒をふってフタをし、3〜4分蒸し焼きにする。
8. 器に盛り、1のネギソースをかけて2を添える。

MEMO タマネギは生のまま加えてシャキシャキ感を楽しみます。みじん切りに片栗粉をまぶすのは、水分が逃げないようにするため。ジューシーに仕上がりハンバーグの口当たりもよくなります。これ、シューマイを作るときにもおすすめです。

からし焼き豚

辛い！でもやめられない!!

肉を塊で買ってガッツリ食べたいとき、焼き豚にしてはいかがでしょう。オーブンは使わず、フライパンで作れます。

肉全体にフォークで穴を開け、ポリ袋に入れて調味料をよくもみ込みます。ここで半日はおいてほしいです。時間があれば、冷蔵庫で一晩寝かせてください。焼くときは肉はトングなどで向きを変えながら、中火で表裏だけでなく側面も焦げる直前までしっかり焼き色をつけてください。火を止めたらフタをして15分ほど休ませ、余熱で中までじんわり火を通します。こうすれば肉が硬くならず、ジューシーに仕上がります。煮るときは余熱を上手に利用して。

練りがらしを利かせたタレが合うんです。風味がよい粉からしを溶いて使うのがおすすめ。あとをひくおいしさです。

［材　料］（作りやすい量）

豚バラ塊肉･･･400g	A	しょうゆ･･･100cc	B	みそ････････大さじ2
サラダ油･･････大さじ1		砂糖･････100g		練りがらし･･･大さじ1と½
レタスの葉････2枚		酒･･･････大さじ2		しょうゆ･････大さじ1
万能ネギ･････5本		オイスターソース･･･････････大さじ1		みりん･･････大さじ1
白ゴマ････････大さじ1		ゴマ油････大さじ1		はちみつ････大さじ1
一味唐辛子･･少々				水･････････大さじ1

［作り方］

1 肉の塊全体にフォークで穴を開け、ポリ袋に入れる。Aを加えてよくもみ込み、冷蔵庫で半日から一晩おく。

2 1の汁気をペーパータオルでふく（残った調味料の液は取っておく）。油をひいたフライパンに入れ、中火で4、5分かけて、全体に濃い焼き色がつくまでしっかり焼く。火を止めフタをし、15分ほど休ませる。

3 フタを取り、フライパンの内側をペーパータオルできれいにふいて弱火にかける。取っておいた調味料の液を加え、肉に煮からめながら5分ほど火を通す。火を止めフタをして、5分おく。

4 Bをよく混ぜ合わせる。

5 レタスは千切りに、万能ネギは小口切りにする。

6 3を1㎝幅に切って、レタスと一緒に皿に盛る。上から4をかけて万能ネギ、白ゴマ、一味をふる。

MEMO
脂と赤身のバランスがいい肩ロースや赤身であっさりしているもも肉など他の部位でも同様に作れます。

豚バラの土手煮風

ご飯が進む満腹おかず 水からゆでて軟らかく

白飯が止まらなくなる「土手煮」をご紹介します。土手煮は、牛すじや豚のモツをみそやみりんで煮込んだ庶民の味。愛知県のローカルフードとしても知られています。今回は作りやすい豚バラ肉をチョイス。みそも本場では八丁みそですが、食べやすい赤みそで作りました。

深い甘みが「ミソ」ですから、砂糖はできればざらめを使いましょう。みそを火にかけて練るのはひと手間ですが、一度火を入れることでだしになじみやすくなるし、風味もよくなるので省略しないで。

寒い時期は大根やニンジン、ゴボウなどの根菜類を入れてもおいしいです。日が経つと味がなじんでまたおいしくなるので、たっぷり作って3～4日楽しめます。うどんを入れてもおいしいです。

さあ、ガッツリいっちゃってください！

［材 料］（作りやすい量）

豚バラ塊肉・・・・・・・400g
タマネギ・・・・・・・・・・1個
コンニャク・・・・・・・・・1枚
焼き豆腐・・・・・・・・・1丁
（なければ木綿豆腐）
万能ネギ・・・・・・・・・3本
一味唐辛子・・・・・・少々

A
水・・・・・・・・・・・1200cc
酒・・・・・・・・・・・200cc
だし昆布・・・・・5g

B
赤みそ・・・・・・・150g
砂糖（できればざらめ）
・・・・・・・・・・・・・100g
しょうゆ・・・・・・大さじ2
みりん・・・・・・・・大さじ2
酒・・・・・・・・・・・大さじ2

［作り方］

1 豚肉は厚さ2㎝に切る。ひたひたの水と一緒に鍋に入れ、火にかける。沸騰したら弱火にし、30分ほどゆでる。取り出してアクや汚れをきれいに水で洗う。

2 コンニャクは1㎝幅に切って5分ほど下ゆでする。タマネギは薄切り、豆腐は8等分に切る。万能ネギは小口切りにする。

3 鍋にAと1、タマネギ、コンニャクを入れ火にかける。沸騰したらアクを取り、弱火で約30分煮る。水が減ったら適宜足す。

4 フライパンにBを入れ、弱火にかける。木ベラでたえず混ぜながらつやが出るまで焦がさないように練る。

5 3の鍋から昆布を取り除き、4を少しずつ加えて溶きのばす。豆腐を加えて15分ほど煮る。

6 器に盛り万能ネギをちらし、一味をふる。

MEMO 豚バラ肉は水から下ゆでします。肉を軟らかくゆでたいときは、ぜひ「水から」と覚えてください。湯に入れると硬くなってしまいます。ゆでた後はアクや汚れを洗っておきます。一緒に煮込むコンニャクも、モツ煮込み（60頁）のときと同様、下ゆでを忘れずに。独特のにおいを抜き、味をしみやすくします。

モツ煮込み

下ゆで2回、食べやすく

手間ひまかかってもいいから今夜はおいしいものが食べたいなぁ——。そんな日は、モツ煮込みを作っちゃいましょう。いつか作ってみたい料理として男性からのリクエストが多かった一品です。

まずはモツの下ゆでから。臭みを抜くのがポイントです。ゆでるだけでなく、水でよくもみ洗いすること。

僕のレシピは3種類の根菜も下ゆでするのがポイント。こちらは1回、10分でOK。あらかじめ火を通して軟らかくするだけでなく、アクを抜く、味をしみ込みやすくするなど下ゆでにはいろいろな利点があります。

煮込むのはトータルで1時間程度です。思ったより簡単かも？と思ったらぜひ挑戦してくださいね。鍋いっぱいできるので、ゆっくり作ることを楽しんで。

［材料］（5～6人分）

豚白モツ…600g
大根…200g
ニンジン…100g
ゴボウ…100g
コンニャク…1枚
長ネギ…⅓本
七味唐辛子…少々

A
ショウガ（みじん切り）…1かけ（10g）
だし…1500cc
酒…100g

B
みそ…120g
しょうゆ…大さじ2
みりん…大さじ2
砂糖…大さじ1

［作り方］

1 鍋にモツを入れ、水をひたひたに加えて火にかける。沸騰したら弱火にして10分ほどゆでる。ザルに上げ、水でよくもみ洗いする。大きければ一口大に切る。

2 1を鍋に入れ、新しくひたひたの水を注いで火にかける。沸騰したら弱火にして30分ほどゆでる。ザルに上げて水気を切る。

3 大根、ニンジンは厚さ1cmのイチョウ切りに、ゴボウは斜め薄切りにする。鍋に入れ、水をひたひたに注いで火にかける。沸騰したら弱火にして10分ゆでる。ザルに上げ、水気を切る。

4 コンニャクは厚さ1cmほどの食べやすい大きさに切って鍋に入れ、ひたひたの水を注いで火にかける。沸騰したら5分ほどゆでてザルに上げ、水気を切る。

5 鍋にAと2を入れて火にかける。沸騰したら弱火にして20分ほど煮る。

6 3と4を加え、さっと煮たらBを加えて30分ほどコトコト煮る。水が減ったら適量を足す。

7 味をみて、足りなければみそ、しょうゆなどで味を調える。器に盛り、小口切りにした長ネギをのせる。好みで七味をふる。

MEMO モツはスーパーで売っているものでいいのですが、肉屋で新鮮なものを手に入れると、よりおいしく作れます。プリプリ軟らかくて絶品です。

鶏胸肉とピーマンの塩昆布炒め

［材 料］（2人分）

鶏胸肉……1枚（300g程度）
ピーマン….4個
長ネギ……½本
大葉………5枚
塩昆布……15g
サラダ油…大さじ1

A	酒	大さじ1
	片栗粉	大さじ1
	ゴマ油	小さじ1
	塩	1つまみ
B	酒	大さじ2
	砂糖	小さじ½
	塩	小さじ½

［作り方］

1 ピーマンは縦半分に切り、ヘタと種を取り、繊維を断つように横に細切りにする。長ネギは斜め薄切りに、大葉は粗みじん切りにする。

2 鶏肉は皮を剝いで、厚さ5㎜程度のそぎ切りにしてから太さ5㎜、長さ5㎝程度の棒状に切る。Aをもみ込む。

3 フライパンに油を入れて中火で熱し、2を炒める。ほぐれて焼き色がつき、8割方火が通ったらピーマン、長ネギを加えてサッと炒め合わせる。

4 合わせたBを鍋肌から入れ、全体をサッと炒め合わせる。塩昆布、大葉を加えてサッと炒め、火を止めて器に盛る。

大きさをそろえてサッと

鶏胸肉は安くてタンパク質が多く、低カロリー。リクエストの多い人気食材です。脂が少ない分、料理にはコツがいります。「子どもが嫌いな野菜」としていつも名前が挙がる、ピーマンを使います。この炒め物なら、ピーマンがモリモリ食べられるんです！

ピーマンは縦半分に切った後、繊維を断つようにして横に切ります。細胞を傷つけるように切るわけですから、縦に切るよりも火が通りやすくなり、軟らかい食感になります。

もう一つのポイントは、鶏肉も細切りにしてピーマンと大きさをそろえること。厚いと火が通るのに時間がかかり、硬くなるのでなるべく細く。青椒肉絲の細長い棒状の肉を思い出してください。

余熱でも火が入るので、ピーマンはまだ早いかな？というタイミングで火を止めるのがシャキッとおいしく仕上げるコツ。とにかく炒めすぎは禁物ですよ。

MEMO 鶏胸肉は皮があると均等に切りにくいので剝がしておきます。皮はスープなどにも使えます。肉に酒や片栗粉をもみ込むと軟らかな食感になります。それから最後に加える大葉がいい働きをしています。薬味を上手に使うと味がレベルアップします。

肉はじっくり火を通す

僕にとってお祝いのごちそうといえば、やっぱり肉！　牛肉です。というわけで、鍋でローストビーフを作ります。

ローストビーフは洋風のイメージが強いけれど、ご飯に合う和風味もおいしいです。タマネギと一緒にしょうゆベースの煮汁で煮て風味豊かに仕上げます。

塊の肉は塩をすり込んだ後、常温で1時間ほどおき、よく味をなじませます。水気をふき取ったら、フライパンで全体に焼き目をつけます。もうこのまま食べたい！と思うほど、いい色に仕上げてください。

鍋で煮る時間は、それほど長くはありません。むしろ、火を止めた後、余熱でじっくり火を通しましょう。常温になるまでおくと、味がしみこみます。煮汁の中に一晩つけておくくらいのつもりで大丈夫。

一緒に煮た風味たっぷりのタマネギと、薄く切った軟らかいローストビーフを交互に……箸が止まりません。ローストビーフ丼にしてもOK。残った煮汁は煮ものに使ってもおいしいです。

MEMO

今回は牛肉を使いましたが、鴨のロースで作ってもおいしいです。ぜひ、お試しください。

和風ローストビーフ

［材料］（作りやすい量）

- 牛もも塊肉……400g
- タマネギ……½個
- だし昆布……5×10cm角（5g）
- 塩……小さじ1
- サラダ油……大さじ1
- 黒コショウ……少々
- 水溶き片栗粉……大さじ1
- クレソン……適量
- 粒マスタード……適量

A
- 水……600cc
- 酒……100cc
- しょうゆ……100cc
- 砂糖……大さじ2

［作り方］

1 牛肉はフォークなどで刺して全体に穴を開けて塩をすり込み（写真1・2・3）、1時間ほど常温におく。

2 タマネギは皮をむいて薄切りにする。

3 フライパンに油を入れて中火にし、水気をふいた1を入れ、全体にこんがりとした焼き目を入れる。

4 鍋にAと2、だし昆布を入れて火にかけ、ひと煮立ちさせて3を加える。再び煮立ったら弱火にして5分煮る。上下を返してもう5分煮て火を止める。ペーパータオルで落としブタをし、その上から鍋をアルミホイルで覆う。

5 煮汁200ccを別の鍋に取って火にかけ、和風ソースを作る。沸騰したら水溶き片栗粉でとろみをつける。黒コショウを加える。

6 肉を食べやすく切って器に盛り、一緒に煮たタマネギ、クレソンと粒マスタードを添え、5をかける。

1

2

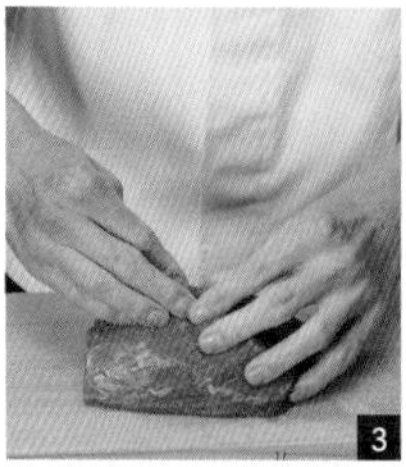

3

揚げ出し豆腐 そぼろあんかけ

［ 材 料 ］（2人分）

鶏ひき肉………100g	黄ユズの皮……少々
シメジ…………1パック	水溶き片栗粉…大さじ2
長ネギ…………½本	揚げ油…………適量
ミツバ…………3本	A だし…………300cc
木綿豆腐… 1丁(300g)	A しょうゆ……大さじ1と½
片栗粉…………適量	A みりん………大さじ1と½

［ 作り方 ］

1 シメジは根元を切ってほぐす。長ネギは斜め薄切りにする。

2 ミツバは1㎝長さに切る。

3 豆腐は縦半分に切った後、4等分にして、ペーパータオルでそっと押さえる程度に水気をふく。

4 フライパンを中火で熱し、ひき肉を炒める。ほぐれたら1を加えてサッと炒め合わせ、Aを加えてひと煮立ちさせる。アクを取り、水溶き片栗粉でとろみをつけ、最後にしっかり沸騰させて片栗粉に火を通す。

5 油を170℃に熱し、3に片栗粉をまんべんなくまぶしてすぐに入れる。表面がカリッとするまで 触らないようにして、ときどき裏返しながら2～3分揚げる。

6 器に5を入れて4をかけ、上に2と刻んだユズの皮を散らす。

そぼろあんはアレンジ自在 これ一品でおかずに

衣が剝がれる、油がはねて怖い、など苦手意識を持つ方も多い「揚げ出し豆腐」ですが、失敗しないコツを伝授します。

豆腐はお店のように分厚く切ると揚げるのが大変だし、油もたくさん必要になります。薄めに切ることで油も少なく、揚げやすいので初心者にもおすすめです。

揚げ方のポイントは、油に入れたら豆腐の表面がカリッとするまで触らないこと。約1分、ぐっと我慢。衣が固まってきたら2、3回裏返しながらさらに1～2分揚げましょう。

あんは作っておき、食べる直前に豆腐を揚げると揚げたてのカリカリ食感を楽しめます。キノコを加えたボリュームのあるそぼろあんから、ユズがふわりと香ります。

ひき肉を加えたこれ一品でおかずになります。そぼろあんはアレンジ自在。ご飯やゆで野菜にかけてもＯＫです。

MEMO 油はねを防止するには、豆腐に片栗粉を均一にまぶしておくことが肝心。すべての豆腐に粉をつけて、まとめて揚げようとすると、片栗粉が水分を含み、衣にムラができてしまいます。片栗粉は揚げる直前にまぶし、粉をつけたらすぐに揚げ油へ入れること。つけては入れ、つけては入れ……と間をおかずに作業しましょう。

和風麻婆豆腐

簡単にできて、懐かしい味

懐石料理店での修業時代にまかないでよく食べた思い出の一品です。仕事の合間に食べるものなので、においが残るニンニクは使えない。麻婆豆腐を店にある調味料で作ってみようと考えたものです。だから、豆板醤は使いませんが粉山椒や一味唐辛子を使います。粉山椒は香りがとびやすいので、少量ずつパックになっているものがおすすめです。

ひき肉は肉の色が変わり、ポロポロになるまでしっかり「炒めきる」ようにしてください。ひき肉の余分な水気を抜くことで、うまみを引き出すことができます。

だしで煮込み、みそで和風の味わいにします。僕は辛口の信州のみそを使いましたが、普段使っているもので大丈夫。主張しすぎないみそのコクが、ご飯にすごく合います。中華より簡単にできて、懐かしい味わい。ご飯が進むこと請け合いです。

［ 材 料 ］(2人分)

豚ひき肉……………150g
長ネギ……………½本
ショウガ……………½かけ(5g)
シイタケ……………2枚
木綿豆腐……………1丁(300g)
ゴマ油……………大さじ1
粉山椒……………少々
水溶き片栗粉……大さじ2

A
だし……………300cc
しょうゆ……………大さじ2
みそ……………大さじ1と½
みりん……………大さじ1
砂糖……………大さじ1
一味唐辛子…小さじ1

［ 作り方 ］

1 長ネギとショウガはみじん切りに、シイタケは粗みじん切りにする。
2 豆腐は水気をふき、2㎝角に切る。
3 フライパンに油を入れて中火で熱し、ひき肉を炒める。ポロポロにほぐれて水気がとんだらショウガとシイタケを加え、さっと炒める。
4 混ぜ合わせたAを加え、ひと煮立ちさせてアクを取り、2を加えて2分ほど煮る。
5 長ネギを加えてさっと煮て、水溶き片栗粉を入れてとろみをつけ、最後にしっかり沸騰させて片栗粉に火を通す。仕上げに粉山椒をふる。

MEMO 豆腐は木綿だと歯ごたえがあり、絹ごしだと口当たりがよく、お好みで使い分けてください。

ピリ辛がアクセントに

揚げ物といえばこれ！ 修業時代に教わった「おかき揚げ」です。ピリ辛のおかきを砕いて、パン粉の代わりに衣として使います。味のアクセントになり、おつまみにもぴったりです。

イチ推しの食材は鶏胸肉。厚いと硬くなるのでなるべくそぎ切りに。肉はしっとりジューシーに仕上がり、外側の衣のカリカリとの対比が楽しめます。長イモも揚げてほしい食材の一つ。ホクホクがやみつきに。長イモは生でも食べられるので厚めに切ってOK。長イモの皮に多いネバネバ成分には、胃の粘膜を保護して腸内環境を整える働きがあるので、皮付きのままで。ひげが気になる場合は洗うときに取り除くか、コンロの火で軽くあぶってください。

おかきは柿の種を使います。パン粉くらいの粗さが目安ですが、多少のばらつきがあっても気にしない。衣がカリッとしたら揚げ上がり。

実はこれ、ビールにすごく合うんです。揚げたて熱々を召し上がれ。

MEMO

砕いた柿の種が残ったら冷凍できるので、次回、アジやアボカド、里イモのフライなどにするときに試してみては。淡泊な味の食材がぐっとおいしくなります。

鶏胸肉と長イモのおかき揚げ

［材料］（2人分）

- 鶏胸肉……………小1枚（200g）
- 長イモ……………100g
- シシトウ…………4本
- 柿の種……………100g
- 薄力粉……………適量
- 溶き卵……………1個分
- 揚げ油……………適量
- 塩…………………少々
- スダチ……………1個

［作り方］

1. 鶏肉は皮を取り、一口大の薄いそぎ切りにする。
2. 長イモは皮付きのまま1㎝厚さの輪切りにする。大きければ二～四つに切る。
3. シシトウは包丁で破裂防止に小さく切れ目を入れる。
4. 柿の種をポリ袋に入れ、麺棒などで上からたたき、細かく砕く。
5. 1と2に薄力粉、溶き卵、4の順に衣をつける。最後に軽く手でおさえると衣がはがれにくい。
6. 170℃の油で5を2～3分揚げる（写真1・2）。シシトウは素揚げする（写真3）。
7. 器に盛り、塩と切ったスダチを添える。

手羽先のチューリップ唐揚げ

外はパリパリ、中はジューシー

お肉をガッツリ食べたいなら骨付き肉を手づかみでいきたいですね。というわけで、思い浮かんだのがこれ。子どものころ、お肉屋さんで売っていた、あの「チューリップ」に挑戦しましょう。

手羽先をチューリップの形にするには、いくつかの方法があります。できあがりも少しずつ違うのですが、僕が好きなのは皮が外側になるようにする形です。なぜなら、鶏肉は皮から火を入れると、うまみが逃げず、おいしくなるから。外はパリパリ、中はジューシーに仕上がります。

ふつうの鶏もも肉を使ってももちろんOKだし、市販のチューリップを使ってもいいけど、皮が外側になるこの方法をぜひマスターしてほしいですね。

実家の焼き鳥屋で作っていたチューリップは、肉屋さんとは違う味でした。でも、今でも唐揚げといえば父のチューリップなんです。懐かしい一品です。

［材料］（2人分）

- 鶏手羽先……………8本
- 片栗粉……………適量
- 揚げ油……………適量
- レタス……………2枚
- プチトマト…………4個
- レモン………………½個
- A
  - しょうゆ…………大さじ3
  - みりん……………大さじ3
  - 酒…………………大さじ1
  - おろしショウガ……小さじ1
  - おろしニンニク……小さじ½
  - コショウ……………少々

［作り方］

1. レタスは千切りにする。
2. 手羽先はチューリップの形にしてAをもみ込み、20分おく。
3. 2の汁気を切って片栗粉をまぶし、形を整える。
4. 170℃の油で3分揚げる。取り出して3分休ませ、少し火を強めてもう2分揚げる（写真1）。
5. 器に1を敷いて4を盛り付け、半分に切ったプチトマトと四つに切ったレモンを添える。

◎皮が外側になるチューリップの作り方

1. 手羽先は関節の部分が見えやすいように、内側を上にしてまな板に置く。
2. 太いほうの付け根、関節から5㎜ほどのところに包丁で切り込みを入れる。切り込みは骨にぶつかるまで、骨に対して直角に入れる。
3. 手羽先を両手で持って関節部分を折り、中の骨が2本出てくるようにする。手羽をまな板の上に、骨が垂直に立つように置く（写真2）。
4. 両手の指で肉を上から押し下げるようにし、骨が出るまで肉をはがす（写真3）。筋でつながっているときは切る。骨がしっかり出たら、細いほうの骨はグルグル回して引き抜く。
5. 手羽の細いほう（先の部分）は包丁で切り落とし、形を整える。落とした部分はスープなどに利用できる。

MEMO

二度揚げは手間なようで、一度目をすませておけば短い時間で仕上げられるので、一度にたくさん仕上げたいときに便利な方法です。肉を一度落ち着かせることで中がジューシーになります。

3

2

1

トマトが主役
火を通すと引き立つ甘み

夏においしいトマトが主役に躍り出る一品です。トマトは加熱するとうまみ、甘みが引き立ちます。生食ばかりではなく、ぜひ火を通しても食べていただきたいですね。

それにしてもトマトのフライは、なじみがない方も多いかも。衣がつきやすいよう、トマトの皮は必ず湯むきして。ムラなくしっかり薄力粉、溶き卵、パン粉の順につけていきます。

揚げる時間は、中が温まって外側の衣がカリッとする程度まで。トマトは生でも食べられるので衣が固まったら揚げ上がり。ささみも同様に衣をつけ、一本丸ごとの大きさで揚げますが、あまり揚げすぎず余熱で火を通すようにします。

外はサクサク、中にうまみをギュッと閉じ込めたトマトのフライは、ショウガやカツオ節を加えた和風タルタルソースにピッタリ。熱々のうちにどうぞ!

MEMO

トマトに含まれるリコピンは、油と一緒に取ると吸収率がアップするので、栄養面でもおすすめです。

トマトと鶏ささみのフライ

［材料］（2人分）

トマト……中玉2個
鶏ささみ……2本
シシトウ……4本
ショウガ……2かけ
塩……少々
コショウ……少々
溶き卵……1個分
薄力粉……適量
パン粉……適量
揚げ油……適量

A
マヨネーズ……大さじ3
カツオ節……大さじ1
しょうゆ……小さじ2

［作り方］

1 ソースを作る。ショウガはみじん切りにして、Aと混ぜ合わせる（写真1）。
2 トマトは皮を湯むきし、厚さ1.5㎝程度の輪切りにする。
3 ささみは筋を取り、塩コショウする。
4 2と3に薄力粉、溶き卵、パン粉の順に衣をつける（写真2）。トマトは水分が多く衣がつけにくいので、薄力粉を丁寧にまぶしておくとよい。
5 170℃の油で4を2〜3分、中が温まって外側がカリッとする程度まで揚げる。シシトウは包丁で切れ目を入れ、ヘタを取って素揚げにする。
6 ささみを一口大に切ってトマト、シシトウと一緒に皿に盛る。1、塩（分量外）を好みで添える。

1

2

手羽肉をサクッと揚げるには

手羽肉といえば唐揚げ！　今回は甘辛ダレがたまらない名古屋風の手羽唐揚げに挑戦します。お店の「あの味」を、自宅で再現してみませんか。

手羽肉は食べやすい手羽中がおすすめです。フォークで全体に穴を開け、酒と塩をもみ込みます。おいている間にキャベツを千切りにし、タレを作ります。

タレは材料をすべて鍋に入れ、とろみがつくまで弱火で煮詰めます。途中、焦がさないよう木ベラなどでそっと混ぜてください。タレができたら、今度は肉を揚げていきましょう。

仕上げは揚げた肉を皿に盛り付け、肉の片面だけにタレを塗ります。カリッとした食感の部分が残って一緒に楽しめるのがいいでしょう？　タレの味わいにゴマやコショウの風味が利いて、おかずはもちろん、おつまみにもピッタリ。ビールが進むんです……。でも飲み過ぎ注意ですよ。

MEMO

手羽肉に片栗粉をつけたらすぐには揚げず、常温で10分程度おくのがポイント。片栗粉は時間がたって少し湿ったほうが、サクッと揚がります。

名古屋風 手羽唐揚げ

［材料］（2人分）

- 鶏手羽中……………8本
- 片栗粉………………適量
- 揚げ油………………適量
- キャベツ……………⅙個
- 白ゴマ………………適量
- コショウ……………適量

A

- 酒……………………大さじ2
- 塩……………………小さじ1

B

- 酒……………………大さじ2
- しょうゆ……………大さじ2
- みりん………………大さじ2
- 酢……………………大さじ1
- 砂糖…………………大さじ½
- おろしショウガ…小さじ½
- おろしニンニク…小さじ½

［作り方］

1 手羽は全体にフォークで穴を開け、Aをもみ込んで20分ほどおく。

2 キャベツは千切りにして水にさらし、パリッとさせる。水気を切って冷蔵庫で冷やしておく。

3 鍋にBを入れ、混ぜ合わせて弱火にかける。少しとろみがつくまで煮詰める（写真**1**）。

4 **1**の水気をふいて片栗粉を全体にまぶし（写真**2**）、10分ほど常温の場所におく（写真**3**）。170℃の揚げ油に入れ、6〜7分ほどじっくり揚げる。

5 **4**を皿に盛り、上になった面に**3**を塗り、白ゴマとコショウをかける。**2**を添える。

1

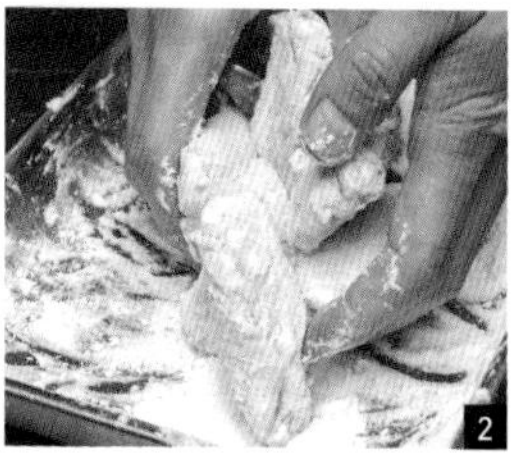

2

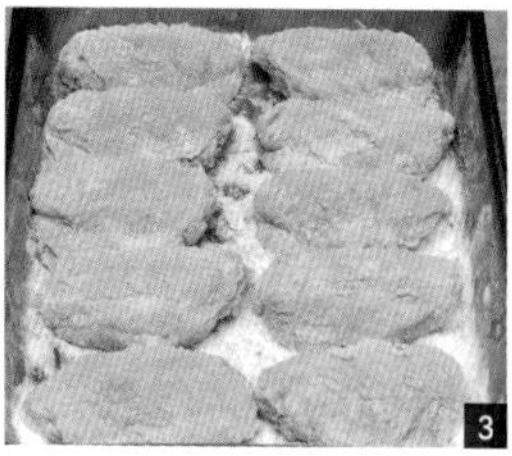

3

三
魚介

春本番を楽しむ相性のよい「出合いもん」

春を感じる食材といえば、やっぱりタケノコです。ゆでる手間はかかりますが、この時期ならではの生のタケノコを、ぜひ手に入れてください。

日本料理で使われる「出合いもん」という言葉をご存じでしょうか。同じ季節に旬を迎える、相性のよい食材の組み合わせをいいます。タケノコとワカメを使った若竹煮は、まさに「出合いもん」の一品。タイのうまみ、木の芽の香りとともに、春を味わうことができます。ワカメは乾燥や塩蔵で年中手に入るけれど、春の生ワカメは絶品です！

それから僕の料理は酒がたっぷり入ります。うまみが加わって味に深みが出ます。アルコールは抜けるので分量通りに作ってみてください。だしの上品な香りがいっそう引き立ちます。

せっかくですからだしも、きちんと取ってみてください。

MEMO

魚に塩をふる下ごしらえも必ずやってください。買ってきたまま使うのは衛生的にもおすすめできないし、なによりこのひと手間で下味もついてぐっとおいしくなります。

タイの若竹煮

［材料］（2人分）

タイ切り身……2切れ
生タケノコ……小1本
生ワカメ……20g
木の芽……適量
塩……少々

A
だし……500cc
酒……100cc
薄口しょうゆ……大さじ2
みりん……大さじ1

＊だしの取り方は28頁参照

［作り方］

1 皮付きのまま穂先を斜めに切り落とし、縦に浅く切り込みを入れたタケノコを鍋に入れ、かぶるくらいの水と1つかみの米ぬか（材料外）を加えて強火にかける。沸騰したら落としブタをしてふきこぼれないようにしながら弱火で40～50分ゆでる。火を止めてそのまま冷ます。完全に冷めたら流水でよく洗ってぬかを取り除く。身が出てくるまで皮をむいて一口大に切り（写真1）、さらに水からゆでこぼす。アク抜きした後、もう一度ゆでることですっきりとした上品な味になる（写真2）。

2 タイは全体に塩をふって20分ほどおく。鍋に湯を沸かしてさっとくぐらせ、氷水に取ってうろこや汚れを取る（写真3）。水気をしっかりふく。

3 ワカメはざく切りにする。

4 鍋にAを入れ火にかけ、**1**を加える。沸騰したら弱火にして20分煮る。

5 **2**と**3**を加え、また弱火で10分ほど煮る。

6 器に煮汁ごと盛り付け、木の芽を散らす。

1

2

3

サバのショウガ煮

魚は下ごしらえが命
ショウガで「免疫力」アップ

免疫力アップのためにぜひ使ってほしいのは、体が温まるショウガです。

ただ、ショウガを臭み消しのためだけに使うのはもったいない！　せっかくですからショウガの魅力を存分に味わいましょう。切り方は2通り。半分は針ショウガにして、生の味わいと食感を楽しみます。

合わせるのは、やはり積極的に食べたい青魚です。今回はサバを使いますが、イワシやサンマでもおいしいですよ。魚は下ごしらえが命。沸かした湯にさっとくぐらせて霜降りにして、アクや汚れを取りましょう。

煮るときにもひと工夫を。煮汁を煮立ててから魚を加えると、臭みが出なくなります。また、煮物と同じで冷ますと味がしっかりしみこみます。できたての、身のふわふわした食感もおいしいけれど、多めに作っておいて、味を染み込ませ、食べるときに温め直してもOKです。

シンプルな煮魚ですが、冬を乗り切るには欠かせない栄養がいっぱいです。

MEMO

サバはみそ煮が定番ですが、このしょうゆベースの煮魚もとてもおいしい！　すっきりしていながらご飯が進む味です。煮汁がたっぷりしみこんだショウガもおいしくて、サバ料理のレパートリーにぜひ加えてほしい一品です。

［材料］（2人分）

- サバ切り身……2切れ
- ショウガ……3かけ（40g）
- インゲン……6本
- A
  - 水……180cc
  - 酒……90cc
  - みりん……大さじ3
  - しょうゆ……大さじ2
  - 砂糖……大さじ1

［作り方］

1 ショウガは皮をむいて、半分は薄切りに、もう半分は針ショウガにする。

2 インゲンはヘタを切る。

3 サバは皮に切り目を入れ、鍋に沸騰させた湯（材料外）にさっとくぐらせて水に取り、アクや汚れを取る。水気をしっかりふく。

4 フライパンにAを入れて火にかけ、煮立ったら3と薄切りのショウガを加える。（写真1）弱火にしアルミホイルを落としブタにしてかぶせ、10分ほど煮る（写真2）。

5 2を加え、5分ほど煮て火を止める。

6 器に盛り、針ショウガを添える。

1

2

サケの焼き漬け

作り置きにもおすすめ

保存がきく魚料理をお教えします。新潟の郷土料理、サケの焼き漬けです。

サケを焼くときは皮目から。表面がパリッとするまでしっかりと焼き、香ばしさやうまみを引き出します。漬け汁をかける前には脂をふき取ることをお忘れなく。表面に残っていると、味が染み込みにくくなります。

漬け汁を回しかけたら、表面に貼り付けるようにラップをします。落としブタならぬ「落としラップ」で味をなじませましょう。漬け汁ごと保存容器に入れておけば、冷蔵庫で4、5日程度もちます。しっかり味が染み込むので汁気をふいてお弁当にも。サケ以外の魚では、ブリやカジキ、サワラ、サバなんかでもおいしいですよ。値下げ品の切り身魚でもとてもおいしく食べられる、ごはんがすすむ味です。漬け汁を多めに作っておけば、気軽にいつでも作れます。

インゲンのかわりにピーマン、薄切りショウガ、レンコンなども合います。定番料理に、ぜひ加えてください。

MEMO

今回、ぜひ使っていただきたいのは「ざらめ」。普通の砂糖よりコクや甘みが強いので、焼き漬けには欠かせません。ほかには、照り焼きやかば焼き、煮物など、甘めに仕上げたい料理にも使えます。お持ちでない方も、これを機会にそろえてはいかがでしょう。

［材料］（作りやすい量）

サケ切り身……3切れ
インゲン……6本
油……大さじ1
しょうゆ……大さじ6
酒……大さじ3
みりん……大さじ3
砂糖……大さじ3
（できれば「ざらめ」）

1

2

［作り方］

1 酒とみりんを鍋に入れて火にかけ、沸騰したら弱火にしてアルコールをとばす。ざらめ、しょうゆを加え（写真1）、ざらめが溶けたら火を止め、そのまま冷ます。

2 サケは骨を抜き、1切れを3〜4等分に切る。インゲンはへたを切り、半分に切る。

3 フライパンに油を入れて中火にかけ、インゲンを炒める。火が通ったら取り出す。同じフライパンにサケを皮目から入れ、全体にしっかり焼き目がつくまで焼く（写真2）。

4 3のサケの脂をペーパータオルでふいてバットに入れ、インゲンも加えて1を回しかける。表面に貼り付けるようにラップをし、2時間以上おいて味をなじませる。

5 インゲン、サケを器に盛り、漬け汁をかける。

タレ、薬味でさっぱりと

初夏を味わうのにぴったりの魚はカツオです。さっぱりした赤身の初ガツオをたたきにし、同じく夏が旬の野菜、トマトと合わせていただきましょう。トマトは、口当たりがよくなるように湯むきします。

カツオは刺し身用のさくを用意します。カツオに塩をふり、しばらくおいて下味をつけます。出てきた水分は臭みのもとなのでよくふいて。生のカツオの皮目を自分で焼いてお手軽たたきにします。香ばしさが加わってたっぷりの野菜に負けない味になります。

夏は薬味がごちそうです。カツオを焼いたらすぐに一口大に切って、ミョウガや大葉、万能ネギなどたっぷりの薬味と一緒にいただきます。酢やゴマ油、おろしショウガが入ったタレも、さっぱりした味わい。赤いトマト、緑の薬味、白ゴマと彩りもよく、食が進みます。中華風のタレともよく合います。

もっと魚を食卓にのせてほしい。もっともっと食べてほしいと思っています。

MEMO

トマトの湯むきは手間だけど、むくことでタレがしっかりしみこんで、ぐっとおいしくなります。一度覚えると意外と簡単なので、トライしてみてください。

カツオとトマトのたたき

［材料］（2人分）

- カツオ刺し身用さく……200g
- トマト……1個
- ミョウガ……1個
- 大葉……5枚
- 万能ネギ……3本
- 白ゴマ……少々
- 塩……少々
- A
  - 酢……大さじ2
  - ゴマ油……大さじ1
  - しょうゆ……大さじ1
  - みりん……大さじ1
  - おろしショウガ……小さじ1

［作り方］

1. カツオは全体に塩をふり、常温で10分ほどおく。
2. トマトのヘタは包丁の先を入れ、ぐるりと回して取り、熱湯にくぐらせる。包丁を入れたところから皮がむけるので、すぐ氷水に取り、皮をむいて薄切りにする（写真1）。
3. ミョウガと万能ネギは小口切りに、大葉は千切りにする。
4. フライパンを強火で熱して1を入れ、皮目をしっかり焼く。身のほうは色が変わる程度にさっと焼く（写真2・3）。
5. 4を7〜8㎜厚さに切り、2、3とともに器に盛り付け、合わせたAを回しかける。上に白ゴマを散らす。

1

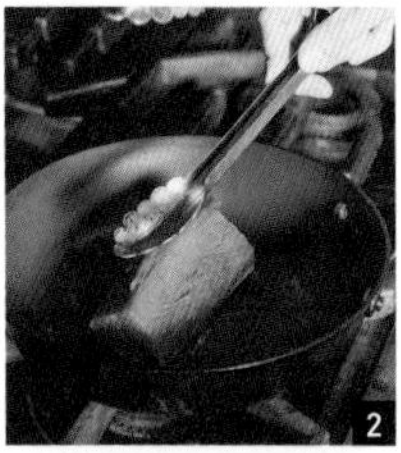
2

3

サーモンのトマト照り焼き

甘辛いタレに酸味をプラス

魚の中でも価格が手頃なサーモンはリクエストの多い食材です。洋風のイメージが強いけど、クセがないので和の味付けにもよく合います。和食の定番の照り焼きをサーモンで作ります。

今回はタレにトマトを合わせました。トマトが具にもソースにもなって栄養面もアップ。酸味が加わって、ひと味違った照り焼きになります。脂の多いサーモンもさっぱりとした味わいに。

照り焼きのタレの「黄金比率」は基本的には『鶏もも照り焼き』（46頁）と同じです。ただしトマトはうまみが強いので、酒の代わりに水でOKです。簡単でしょう？

サーモン以外の魚なら、ブリやカジキなどでもOK。鶏肉や豚肉にだって使えます。トマトソースの洋食を「トマト照り焼きダレ」でアレンジすれば、ちょっと和風のメニューに変身させることができますよ。

［材 料］（2人分）

サーモン切り身	2切れ
トマト	2個
大葉	3枚
大根	3㎝（100g）
アスパラガス	2本
塩	少々
黒コショウ	少々
薄力粉	適量
サラダ油	大さじ1
A しょうゆ	大さじ2
A みりん	大さじ2
A 水	大さじ2
A 砂糖	小さじ1

［作り方］

1 トマトはへたを切り、ざく切りにする。大葉は千切りにする。大根はおろして水気を切る。アスパラは根元を切り、下⅓ほど、ピーラーで皮をむく。

2 サーモンの水気をふいて、薄力粉をまぶす。

3 フライパンに油を入れて中火で熱し、2とアスパラを焼く。アスパラは火が通ったら取り出し、塩をふって半分に切る。

4 サーモンの両面がカリッと焼けたら、余分な油をふいてAとトマトを加え、軽く煮詰めながら煮からめる。

5 4を皿に盛り、大根おろしとアスパラを添える。黒コショウをふり、大葉をのせる。

MEMO サーモンは水気をしっかりふきます。パックの中の水分が残っているとまずくなる原因に。下処理はしっかりやりましょう。

サーモン酒蒸し 梅ゴマだれ

［材料］(2人分)

サーモン切り身…2切れ
水菜…………⅓束
長ネギ…………1本
ニンジン………小½本(50g)
塩……………少々
レモン…………¼個
酒……………大さじ3
バター…………10g

A
梅肉……大さじ1
ゴマ油……大さじ1
しょうゆ……大さじ1
みりん……大さじ1
水…………大さじ2
白ゴマ……小さじ1

［作り方］

1 水菜は5㎝の長さ、長ネギは斜め薄切り、ニンジンは5㎝の長さの細切りにする。
2 サーモンは全体に塩をふって10分おき、水気をふく。
3 平らな耐熱容器に1を敷きつめ、2を皮を下にしてのせ、酒をふりかけ、バターをのせる。ふんわりとラップをして500Wのレンジで7分加熱する。ラップをしたまま3分ほどおく。
4 器に盛り、混ぜ合わせたAをかけ、切ったレモンを添える。

レンジでOK 加熱時間は微調整を

電子レンジで調理して、一番豪華に見えるのは魚の蒸し物かなと考えて、このレシピを考案しました。魚はアクが少なく火が通りやすいのでレンジ調理に向いています。

手に入りやすいサーモンに梅肉やゴマを加えた、和風のさっぱりしたタレでいただきます。野菜をたっぷり食べられるし、魚に野菜の風味がうつって、またおいしい。

サーモンに塩をふった後に出てくる水分は臭みのもとなので、しっかり拭き取っておきます。肉も魚もそうですが、ある程度しっかり味がついていないと、タレをかけてもぼやけた味になるのでここでの塩は大事なのです。

レンジで加熱後、すぐにラップは外さず、余熱で火を通すようにします。なにごとも余熱時間を計算に入れるのが大切。それを計算せずに火を入れるので火が入りすぎてしまうのです。

MEMO 僕がご紹介しているレシピは、あくまで「目安」。必要な分量や時間は、火力や調理用具、食材、気温などあらゆる条件で違ってくるからです。電子レンジの「くせ」はそれぞれ違います。明らかに加熱が足りないと思ったら、再加熱はもちろんあり。自分の勘を信じて、「我が家のベスト」を探ってみてください。

イカとカブの酒盗あえ

［材料］(2人分)

刺し身用イカ……80g
カブ……………小2個
カブの葉………2、3枚
白ゴマ…………小さじ1
塩………………少々
酒盗……………15g
サラダ油………小さじ1

［作り方］

1 カブは皮をむいて縦に薄切りにする。葉は3cm長さに切る。塩をふってしばらくおく。サッと水で洗い、水気をしっかり絞る。
2 イカは細造りにする。
3 1と2をボウルに入れ、酒盗と油を加えてあえる。
4 器に盛り、白ゴマをふる。

どんなお酒とも相性抜群

おつまみになる一品を作ります。瓶詰などで売っている酒盗は、カツオなどの内臓の塩辛でそのまま食べてもいいですが、調味料的な使い方もできます。塩辛は発酵食品。独特の香りとうまみがあるので調味料としても優秀です。イカの塩辛と同様にゆでたジャガイモにのせたり、ポテトサラダに加えてもおいしい。アンチョビのように使うとパスタにも合います。

和食にはエビ、ホタテやイカなどの魚介類に酒盗で作ったタレをからめて焼く「酒盗焼き」という料理もあります。

旬のカブは甘みが強いので、塩辛の塩気との相性は抜群。さっぱりしているのに深い味わいがある。白いカブに白いイカを合わせて、和食らしく、上品に仕上げました。

「酒盗あえ」だけあって、どんなお酒とも相性抜群。冷酒なんかピッタリかも。

まあ、僕はおつまみが何でも「最初はビール」派ですけどね。

MEMO 切って塩をふったカブは、水気をしっかり絞っておくのがポイント。水っぽさが残っていると味がぼやけます。イカ、カブと酒盗をあえるときは、サラダ油を小さじ1加えて。油脂分を足すことでコクやまろやかさが出ます。

タイと白菜の塩昆布サラダ

［ 材 料 ］（2人分）

タイ刺し身用さく…100g
白菜……………400g
（中心に近い部分）
塩昆布…………10g
万能ネギ………5本
白ゴマ…………小さじ1

A
サラダ油………大さじ2
酢……………大さじ1
ワサビ………小さじ½
薄口しょうゆ…小さじ1

［ 作り方 ］

1 タイは幅2～3㎜のそぎ切りにする。
2 白菜の芯は1㎝程度のそぎ切りに、葉は手でちぎる。万能ネギは5㎝長さに切る。
3 ボウルにAを混ぜ合わせ、1と2と塩昆布を加えて手でサッとあえる。
4 器に盛り、白ゴマをふる。

火を使わずサッと作れる

白菜を使ってサラダを作ります。豪華にタイと合わせます。

白菜は、軟らかい部分を使うのがポイント。中心に近い黄色い葉のほうが甘みがあって軟らかく、生で食べられるので「サラダに使うなら中の葉」と覚えてください。芯に近い白い部分は幅1㎝程度のそぎ切りに、軟らかい葉の部分は手でちぎります。今回使わなかった外側の葉は、鍋などほかの料理に使いましょう。

塩昆布は最高の調味料。うまみの塊なのでそれだけで味が決まります。

あまり長時間キッチンに立ちたくないときに、火を使わずにサッと作れます。残ったお刺し身の有効活用にもなります。

大ぶりの器にドンと盛って、作りたてのシャキシャキをいただきましょう。ワサビドレッシングが利いて、さっぱりした味わいです。

MEMO
サラダの材料をあえるときは必ず手を使って。まんべんなくしっかり味がなじみます。野菜は油分がないと食べにくいので、ドレッシングは分量通りに。

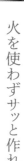

和風エビチリ

エビのプリッとした食感

みんな「やっぱりエビが好き」ということで、僕は娘が好きなおかず、エビチリを作ります。

エビはボリュームのわりに値段がするのがネックです。そこで精進料理にヒントを得て、編み出したレシピを紹介します。なるべく少ない材料で、しょうゆやみりんも加えて、しっかり和風に寄せてみました。食感の違う油揚げを合わせるのは……ズバリ「かさ増し」。お財布にやさしいし、ボリュームと栄養価もアップします。

エビは炒める前にゆでておきます。ここでほぼ火を通しておくようなつもりで。フライパンで炒めたエリンギや油揚げに加えてからは、軽く「合わせる」くらいの感じにします。

和風のチリソースと長ネギを加え、いい香りがしてきたら完成！

エビの代わりに鶏肉で鶏チリ、豚肉で豚チリにしてもおいしいですよ。その場合は下ゆでは不要です。

［材　料］(2人分)

- 殻付きエビ……………8匹
- エリンギ……………1パック
- 油揚げ……………1枚
- 長ネギ……………¼本
- レタスの葉……………2枚
- 片栗粉……………適量
- サラダ油……………大さじ1
- A
  - 酒……………大さじ2
  - 片栗粉……………大さじ1
  - 塩……………1つまみ
- B
  - ケチャップ……………大さじ3
  - しょうゆ……………大さじ1
  - みりん……………大さじ1
  - 豆板醬……………小さじ1
  - おろしショウガ……小さじ½

［作り方］

1. レタスは千切りにし、水にさらしてパリッとさせ、冷蔵庫で冷やす。Bを合わせておく。
2. 長ネギはみじん切り、エリンギは一口大、油揚げは1cm幅に切る。
3. エビは殻と背わたを取り、水気をふいてからAをもみ込んで汚れを取り、水でサッと洗う。再度水気をふき、片栗粉をまぶす。
4. 鍋に湯を沸かして3を色が赤くなるまでゆで、ザルに上げて水気を切る。
5. フライパンに油を入れて中火にかけ、エリンギと油揚げを炒める。しんなりしたら4を加え、サッと炒める。
6. Bと長ネギを加え、香りが立つまで炒め合わせる。器に盛り、1を添える。

MEMO　エビは下処理したら、水でサッと洗い、もう一度水気をふいてから、片栗粉をまぶします。これで身が縮まず、プリッとした食感に。また、水分の多いエビは生のまま炒めると水気が出て味がぼやけやすく、炒めすぎて硬くなります。事前にゆでておくことで、上手な炒め物になります。このひと手間を省かないで！

ニラツナチーズ春巻き

チーズを和で 片面ずつじっくり揚げて

和食とチーズはあまり縁がないと思われがちですが、実はしょうゆやみそなど和の調味料とも発酵食品同士、相性がいいんです。

今回は、チーズとよく合うツナ、ニラを使って春巻きを作ります。春巻きは難しいというイメージをくつがえす、とても手軽でおいしい春巻きです。あと一品足りないな……というときに、ササッと作れます。

中の具材は混ぜるだけ。いつもの春巻きを作る要領で巻いていきます。

ニラはたっぷりが、チーズのコクに負けない風味が出ておいしいので、分量通りに入れてください。皮は具を押さえるようにしながらしっかりと巻きましょう。

一本丸ごとでも、食べやすい大きさに切ってもOK。器に盛り、レモンとからしじょうゆでいただきます。おかずにもおつまみにもピッタリ。熱いうちに召し上がれ。

［ 材 料 ］（2人分）

ツナ缶…小1個（70g）
ニラ…………½束
ピザ用チーズ…120g
春巻きの皮……8枚
レモン…………¼個
水溶き小麦粉…適量
サラダ油………適量
練りがらし……少々
しょうゆ………少々

A
しょうゆ……小さじ1
みりん……小さじ1
白ゴマ……大さじ1

［ 作り方 ］

1 ニラは小口切りにする。
2 ボウルに1と汁気を切ったツナ、チーズ、Aを加え混ぜ合わせる。
3 2を8等分して春巻きの皮にのせ、具を押さえるようにしっかり巻いていき、巻き終わりを水溶き小麦粉で留める。
4 フライパンに油を深さ1cmほど入れ、中火にかける。3をたまに裏返しながら5〜6分かけてじっくり揚げ焼きする。
5 熱いうちに器に盛り、切ったレモンとからしじょうゆを添える。

MEMO 揚げ油はたくさん使わず、深さ1cmくらいの量で揚げ焼きに。あまり何度も裏表を返さず片面ずつじっくり揚げていきます。

とっておきのごちそう鍋
大根おろしにエキスたっぷり

鍋料理はひと冬に何度も食べますが、おすすめの「ごちそう鍋」は、旬のカキを豚バラ肉で巻いた具材をメインにしたみぞれ鍋です。

カキはもちろん、そのままでもおいしいけれど、カキと豚肉、ダブルのうまみがだしにとけこんだエキスがたまりません。片栗粉をまぶすことで、身がふっくらし、口当たりもよく、うまみも逃げにくくなります。豚肉は厚いと硬くなるので、しゃぶしゃぶ用がおすすめ。カキを豚肉で巻いた後、手で軽く握って形を整えればバラバラになることはありません。

大根おろしは具材に火が通ったら、最後に鍋全体に広げ入れます。大根おろしが鍋のエキスをたっぷりと吸ってくれるので、汁までしっかり、いただきましょう。

見た目も楽しく、鍋パーティーが盛り上がります。キムチ鍋の具にもおすすめです。

MEMO

大根は上のほうがみずみずしく軟らかく、甘みが強く、土の中を伸びていく先端のほうは辛みが強くて硬いのです。1本あるなら、すりおろして形がわからなくなるし、加熱して辛みもとぶので先端部分を使います。甘くて形のよい中央から上の部分は、煮物などに使いましょう。

カキの豚バラ巻きみぞれ鍋

［材料］（2人分）

- 豚バラ薄切り肉……250g（しゃぶしゃぶ用）
- カキむき身……12粒
- 長ネギ……1本
- エノキ……1パック
- 木綿豆腐……1丁（300g）
- 大根……⅓本（300g）
- 一味唐辛子……少々
- 片栗粉……少々
- 塩……少々
- A だし……1200cc
- A 薄口しょうゆ……大さじ4
- A みりん……大さじ4

［作り方］

1 カキは塩水の中で軽くふり洗いし、水気をふく。豚肉に片栗粉を薄くまぶし（写真1）、カキを芯にして巻く（写真2）。手で握って形を整える。

2 長ネギは斜め薄切りに、エノキは根元を切ってほぐす。豆腐は縦半分に切った後、横に4等分にする。

3 大根はすりおろして水気を切る。

4 鍋に**1**と**2**を入れてAを注ぎ、火にかける。沸騰したら弱火にして、カキに火が通るまで煮る。

5 **4**の上に**3**を広げ入れ（写真3）、一味をふる。

マグロとサーモンのポテサラすし仕立て

熱いうちに急いでつぶそう

何度も作っていてお気に入りの一品をご紹介します。おすしに仕立てたポテトサラダ、面白いでしょう。このように人が驚くような料理を考えるのが大好き。ご飯のおすしに比べて重くないので、たくさん料理が並ぶホームパーティーに向いています。見た目も華やかで、人が集まる季節には「イチ推し」です。

ポテトサラダはしょうゆを加えた和風味にします。ジャガイモに色をつけたくないので、薄口しょうゆを使いました。できたポテトサラダを一口大に丸め、握りずしのシャリの形に整えます。この分量だと20個程度できそうです。マグロとサーモンのさくを薄くそぎ切りにした「ネタ」をのせ、プチトマトやゴマなどをトッピングすればできあがり。サーモンやハムをのせても合いますよ。

［材 料］（作りやすい量）

マグロ赤身刺し身用さく‥100g
サーモン刺し身用さく‥‥100g
ジャガイモ
（男爵がおすすめ）‥‥‥‥‥2個
万能ネギ‥‥‥‥‥‥‥‥‥3本
ミニトマト‥‥‥‥‥‥‥‥4個
黒コショウ‥‥‥‥‥‥‥‥少々
白ゴマ‥‥‥‥‥‥‥少々
しょうゆ‥‥‥‥‥‥‥少々
塩‥‥‥‥‥‥‥‥‥少々
レモン‥‥‥‥‥‥‥½個

A
酢‥‥‥‥‥‥‥小さじ1
薄口しょうゆ‥‥小さじ1
みりん‥‥‥‥‥小さじ1
マヨネーズ‥‥‥大さじ2

［作り方］

1 ジャガイモは皮をむいて一口大に切り、水から塩ゆでする。軟らかくなったら湯を捨て、から煎りして水気をとばす。粉ふきいもになればOK。

2 1をボウルに入れ、熱いうちにマッシャーでつぶしてAと混ぜ合わせ、なめらかにする。マヨネーズは分離しないように粗熱が取れてから加える。

3 マグロとサーモンは一口大のそぎ切りにする。

4 万能ネギは小口切りにする。

5 2を一口大に丸めて、3をのせ、握りずしの形にする。はけでしょうゆを塗る。

6 5の上に4と6つに切ったミニトマト、黒コショウや白ゴマをトッピングする。皿に盛り付けくし切りにして斜めに切ったレモンを添える。

MEMO ポテトサラダのジャガイモは、つぶしやすい男爵をチョイス。ゆでたジャガイモは熱いうちのほうがつぶしやすく、調味料がしみ込みやすいので、熱いうちに手早く味付けしましょう。

四 野菜

ささみとスナップエンドウのゴマあえ

春の豆で彩りを

春を意識し、豆のグリーンを生かした一品をご紹介します。

主役はなんといってもスナップエンドウ。色と食感を大切にするために、上手にゆでるコツを教えましょう。

スナップエンドウは、火が通りにくそうで、つい長時間ゆでてしまいがち。でも30秒ほどで大丈夫。ザルに上げた後、余熱で火が通ります。それからマメ科の野菜はゆでた後、水に取らないほうがうまい。絹サヤや空豆などもそうです。覚えておきましょう。マメ科の野菜は甘い香りと歯ごたえが命。余熱を考えて早めに湯からあげるようにしましょう。

ささみも熱を通しすぎないように。スナップエンドウをゆでた同じ湯でささみもゆでるので手軽です。手で裂いて、豆とあえて味付けすれば完成です。

ゴマあえというと甘くて昔ながらのしぶい和食のイメージですが、今回はゴマ油とショウガを加えることで、風味が変わります。スナップエンドウを旬のものに替えると一年中楽しめます。

ほんのちょっとのコツで、いつものゴマあえがグレードアップします。

MEMO

スナップエンドウのほかには、インゲンもおすすめ。サッとゆでた春キャベツ、ブロッコリーでもおいしいですよ。

［材料］（2人分）

鶏ささみ……………3本
スナップエンドウ……8本
塩………………少々
A
白すりゴマ……大さじ2
しょうゆ………大さじ2
砂糖…………大さじ1
ゴマ油…………小さじ1
おろしショウガ…小さじ½

［作り方］

1 スナップエンドウは筋を取る。
2 ささみも筋を取る。
3 鍋に湯を沸かして塩を入れ、1を30秒ほどゆでてザルに上げ、冷ます（写真1）。
4 同じ湯に2を入れ、火を止めて5分おいて余熱で火を通す（写真2）。
5 湯から取り出して、粗熱が取れたら手で裂く。
6 3を斜め半分に切る。
7 ボウルにAを混ぜ合わせ、5と6をサッとあえて器に盛る。

1

2

レンコンは焼く前に下ゆでを

ひき肉は家庭料理で大活躍の食材です。和食の定番料理のおすすめは肉詰め焼きです。肉厚なシイタケやレンコンに、こんもりと肉だねをのせましょう。ボリュームがあって、ジューシーな一品です。

レンコンは焼くときに火の通りが早くなるよう、あらかじめ下ゆでしておきましょう。丸ごとゆでた後にスライスすると、レンコンを割らずにきれいに切ることができます。うまみを逃さないメリットも。手軽にレンジで加熱もOKです。

肉だねをのせる前に、シイタケやレンコンに片栗粉を薄くまぶします。片栗粉が接着材の役割をして、剝がれにくくなります。ここを省くと剝がれて悲しい仕上がりに……。省略せず、しっかりふりましょう。肉だねは焼くと縮むので、遠慮せずにギューギュー詰めて。

和食は色にもこだわります。今回の照り焼きダレは色が濃くなりすぎないように、しょうゆの量を少なめに。タレは両面にしっかり煮からめ、色よく焼き上げてください。

MEMO

レンコンやシイタケ以外にも定番のピーマンやパプリカ、ズッキーニで作ってもおいしいです。

シイタケとレンコンの肉詰め焼き

［材料］（2人分）

豚ひき肉……………200g
レンコン……………小1節（150g）
シイタケ……………4枚
長ネギ………………⅓本
ショウガ……………1かけ（10g）
サラダ油……………大さじ1
一味唐辛子・粉山椒・練りがらし
……………………好みで各少々
片栗粉………………適量

A
酒・片栗粉…………各大さじ1
砂糖…………………小さじ1
塩……………………小さじ½

B
酒・みりん…………各大さじ3
しょうゆ……………大さじ1½

［作り方］

1 長ネギ、ショウガはみじん切りにする。
2 ボウルに1と、ひき肉、Aを入れ手でよく練って混ぜ合わせる。
3 レンコンは皮をむいて丸ごと水からゆでる。沸騰後、2分ほどゆでたら水に取る。粗熱がとれたら1cmの厚さの輪切りにし、水気をふく。
4 シイタケは軸を落とす。
5 レンコンの片面、シイタケのかさの内側に片栗粉をまぶし、2の肉だねをのせて丸く形を整え、表面を平らにならす（写真1）。
6 フライパンに油を入れ中火で熱し、5を肉の面から焼く。こんがり焼き目がつくまで動かさない。焼き目がついたら返して3～4分焼く（写真2）。
7 フライパンの余分な油をふいてBを加え、煮からめる。
8 器に盛り、一味や山椒を好みでふり、からしを添える。

1

2

冷や汁

夏真っ盛り ひんやりレシピ

暑くて食欲がない日でもサラサラいけちゃう冷や汁をご紹介します。宮崎の郷土料理ですが、今や人気は全国区。いろんな作り方がありますが、今回は作りやすく、でも味は本格派の一品。すり鉢は不要、みそも焼かなくて大丈夫。気楽に作ってみましょう。

アジの干物は焼いて骨やぜいごを取り、身をほぐします。小骨もていねいに取りましょう。まな板の上でみそやみりんと一緒に、包丁でたたいて混ぜ合わせます。このペースト状にしたアジを、後でのばして汁がサラサラになるようにしたいので、魚の形がなくなるまでかなり細かく、頑張ってたたいてください。のどごしもよくなります。

キュウリやミョウガ、万能ネギ、大葉の準備ができたら、先ほどのペーストをだしで少しずつのばして、冷蔵庫でよく冷やします。あとは材料をすべて合わせれば完成！ そうめんや冷たいうどんにも合います。

MEMO

豆腐は味が濃い木綿豆腐がおすすめ。時間がたつと水分が出るので、食べる直前に加えて。キュウリはそのまま加えると味がぼやけるので、しっかり塩もみしてください。

［材料］（2人分）

- アジの干物……1枚
- キュウリ……1本
- ミョウガ……1個
- 大葉……5枚
- 万能ネギ……3本
- 木綿豆腐……1丁（300g）
- 白すりゴマ……大さじ1
- だし……600cc
- ご飯……適量
- 塩……少々
- A
  - みそ……大さじ3
  - みりん……大さじ1

［作り方］

1 アジの干物は焼いて骨などを取り、身をほぐす。Aと一緒にまな板の上で包丁でたたいて、ペースト状になるまで混ぜ合わせる（写真**1**）。

2 豆腐はペーパータオルに包んで水気を切っておく。

3 キュウリは小口切りにして塩もみし、水気をしっかり絞る。

4 ミョウガと万能ネギは小口切りに、大葉は細切りにする。

5 ボウルに**1**を入れ、だしを少しずつ加えて泡立て器で混ぜながら溶きのばす（写真**2**）。冷蔵庫でよく冷やす。

6 食べる直前に**2**を手で崩して**5**に加える。**3**と**4**も加えてゴマをふる。熱々のご飯を添えていただく。

1

2

山形の「だし」

夏野菜を主役に冷蔵庫に入れて1時間

夏野菜がたくさん食べたいならこれ！ 山形の郷土料理「だし」です。市販品もあり、全国的に知られるようになりました。火を使わずに作れるのも、暑い夏にはうれしいポイント。常備菜にもぴったりです。だしのレシピはいろいろあるけれど、これは酢を利かせたさっぱりバージョン。

野菜は1cm角くらいにそろえて切ります。市販のものより大きめですが、気にしない！ 細かく刻むのは結構大変ですからね。オクラもゆでずに生のままで。食感も楽しめますし、おおらかにいきましょう。ただし、ショウガだけは辛みが強いので、ほかよりも小さめの粗みじんに切っておきます。細切り昆布は粘りの強い「がごめ昆布」をぜひ。

冷蔵庫に入れ、1時間たったら食べごろ。一晩おけば、さらに味がなじみ、2日ぐらいはおいしく食べられます。

僕は「ご飯にのせて食べる」派ですが、冷ややっこにのせたり、ゆでたそうめんやうどんの上にかけてもいい。豚しゃぶのタレがわりにするのもおいしいです。暑い夏もこれが冷蔵庫にあると安心です。

MEMO
ナスはアクが出るので、切ったら一度水にさらします。この下処理ですっきりしたおいしさになります。

［材料］（作りやすい量）

- キュウリ……1本
- ナス……1本
- ミョウガ……2個
- オクラ……5本
- ショウガ……小2かけ（20g）（できれば新ショウガ）
- 大葉……5枚
- 細切り昆布……5g（できればがごめ昆布）
- 塩……少々
- しょうゆ……大さじ1

A
- しょうゆ……大さじ3
- みりん……大さじ1
- 酢……大さじ1
- 砂糖……小さじ1

［作り方］

1. キュウリ、オクラは板ずりして、さっと水で洗う。
2. 1とミョウガ、大葉を1cm角くらいに切る。ショウガは粗みじん切りにする（写真1）。
3. ナスはアクが出るので、ヘタを取って1cm角くらいに切り、5分ほど水にさらす。水気を切り、しょうゆをまぶして2、3分おき、手でしっかり水気を絞る（写真2）。
4. ボウルに2と3を入れ、Aと細切り昆布を加え、よく混ぜ合わせる。表面にラップをぴったり貼り（落としラップ）、冷蔵庫で1時間以上なじませる。

1

2

キノコ、サツマイモ、ベーコンの白あえ

練りゴマの風味利かせて

秋の食材をふんだんに使って、おかずになる白あえを作ります。具材は大きめにし、存在感を出します。ベーコンを加えるとその塩気でサツマイモとあえごろもの甘みが引き立ちます。

和食は色を大切にするので、あえごろもには薄口しょうゆを使います。薄口しょうゆはいろいろ使えるので家庭でもぜひ1本常備してほしいですね。

もう一つのポイントはキノコ。1種類だけでなく何種類か組み合わせると風味やうまみが増し、味に奥行きが出ます。今回は3種類使います。エリンギやマイタケなど、ほかのキノコを使っても構いません。

最後に具材とあえごろもを合わせるときは、味にメリハリを出すためヘラでさっとあえ、混ぜすぎないように。練りゴマの風味が利いた、食べ応えのある白あえのできあがりです。これ一品で「秋」を感じられますよ。

［ 材 料 ］(2人分)

シメジ…………1パック
シイタケ…………4枚
エノキ…………1パック
サツマイモ……½本
ブロックベーコン…100g
木綿豆腐………1丁(300g)
塩……………少々
バター…………10g
黒コショウ………少々
A 白練りゴマ……大さじ2
A 砂糖…………大さじ2
A 薄口しょうゆ……大さじ1

［ 作り方 ］

1 豆腐はペーパータオルで包んで重しをして、しっかり水切りする。目安は厚みが半分になるまで。

2 サツマイモは厚さ1㎝の半月切りにして、水から塩ゆでする。ザルに上げ、水気を切る。

3 キノコはそれぞれ根元を取り除き、手でほぐす。フライパンでしんなりするまでから煎りして火を通し、塩をふる。

4 ベーコンは1㎝角の棒状に切る。フライパンにバターを入れ中火にかけ、ベーコンを焼き目がつくまで焼き、ペーパータオルにのせて脂を切っておく。

5 1の豆腐をボウルに入れ、よく混ぜ合わせたAを入れ、泡立て器でよくつぶすように混ぜ合わせる。2、3、4を加え、ヘラでさっとあえる。仕上げに黒コショウをふる。

MEMO 豆腐は、冷ややっこなど生食用なら絹ごし、加熱調理するときは木綿を選ぶのが定番。でも僕は白あえにもあえて味がしっかりしている木綿を使います。厚みが半分くらいになるまで、重しを使ってしっかり水切りしましょう。

いろいろキノコのけんちん汁

キノコ増量中！ゴマ油でしっかり炒める

けんちん汁は精進料理の一つです。根菜中心のイメージが強いかもしれませんが、たまにはキノコをたっぷり入れて主役にしてみましょう。今回はシメジとエノキ、シイタケを使いましたが、マイタケなどほかのキノコでもおいしくできます。

本来ならだしも、カツオ節や煮干しではなく昆布やシイタケを使うところですが、笠原流はこれまで何度も登場しているだしと同じ、昆布とかつお節でとったものでOK。

絶対にやってほしいのは具材を油で炒めること。炒めることでコクが出て野菜だけで十分おいしくなります。野菜が主役のけんちん汁は、豆腐を加えると食べ応えがあり満足度がアップします。キノコや野菜は好みでアレンジしてOK。いろんな種類を使うと素材の味がだしとなり、よりおいしくなります。

汁もののレパートリーはいくつかあると毎日の献立にメリハリが出ます。

［材料］（作りやすい量）

- シメジ……1パック
- エノキ……1パック
- シイタケ…2枚
- ニンジン…小½本（50g）
- 大根……約3cm（100g）
- 木綿豆腐‥½丁（150g）
- 長ネギ……⅓本
- ショウガ…………1かけ（10g）
- 水溶き片栗粉……大さじ1
- ゴマ油…………大さじ1
- A
  - だし…………600cc
  - 薄口しょうゆ……大さじ2
  - みりん…………大さじ2
  - 塩……………少々

［作り方］

1. シメジ、エノキは根元を落としてほぐす。エノキは半分に切る。シイタケは軸を取って薄切りにする。
2. ニンジン、大根は厚さ5mmのイチョウ切りに、長ネギは1cm幅の小口切りに、豆腐は2cm角に切る。ショウガはすりおろす。
3. 鍋にゴマ油を入れて中火にかける。大根、ニンジンと1を加えて炒める。しんなりしたら豆腐を加えて炒める。
4. Aを加え、ひと煮立ちさせたらアクを取り、弱火で10分ほど煮る。
5. 長ネギを加えて5分ほど煮て、水溶き片栗粉でとろみをつける。器に盛り、ショウガを添える。

MEMO　仕上げに、水溶き片栗粉でとろみをつけましょう。汁が冷めにくくなり、体も温まります。おろしショウガを添えて一緒にいただくと、アクセントになるだけでなく、体がポカポカに。朝夕の冷え込みが厳しくなる時期にピッタリの汁物です。

切り干し大根のハリハリ漬け

［材 料］（作りやすい量）

切り干し大根……… 100g
ニンジン………… 1本（100g）
さきイカ………… 50g
細切り昆布……… 15g
（できればがごめ昆布）
干しシイタケ……… 4枚
小口切りにした赤唐辛子
………………… 少々

A
酢……………… 100cc
しょうゆ………… 50cc
みりん…………… 50cc
砂糖…………… 小さじ1

［作り方］

1 切り干し大根は洗って水気をしっかり絞る。食べやすい長さにざく切りにする。
2 干しシイタケは水でやわらかく戻して薄切りにする。
3 ニンジンは長さ5㎝、マッチ棒くらいの太さの細切りにする。
4 ボウルに2と3とさきイカ、細切り昆布、赤唐辛子とAを入れ、よく混ぜ合わせる。
5 1を加えてサッと混ぜ合わせ、冷蔵庫で3時間以上おく。

もっと知りたい作り置き 食べきるまで何度か混ぜる

ハリハリ漬けは干した大根を刻んで酢としょうゆにつけたものです。噛んだときにハリハリと音がすることから、その名がついたと言われています。

今回は切り干し大根を使います。水に長時間つけると歯ごたえがなくなるので、洗って水気をしっかり絞るだけ。切り干し大根は生で食べると、独特の歯ごたえと自然な甘みが楽しめます。スルメを切って入れるレシピもありますが、手軽にさきイカで。細切りがごめ昆布（なければ普通の昆布）、干しシイタケと、いいだしが出る食材を入れ、最後に大根を加えてサッと混ぜ合わせれば完成です。簡単でしょ？

冷蔵庫で1週間ほどもちますが、おいている間も何度か混ぜることをお忘れなく。寝かせるほどうまみが出て、おいしくなります。数の子やイクラを加えてもOK。ぜひ常備菜に！

MEMO シイタケなどのキノコ類は生のみならず加熱した状態で食べても、人によってまれに皮膚炎を起こすことがあるようです。「干しシイタケであっても加熱調理が望ましい」という管理栄養士からの指摘もありました。気になる方や、一度でもシイタケを食べて炎症を起こしたことのある方はかかりつけの医師にご相談ください（編集部）。

春キャベツと桜エビのかき揚げ

衣に水を入れすぎない 油に入れた直後は触らない

春キャベツを旬の桜エビと合わせ、かき揚げにしてみました。グリーンとピンクの色合いが美しいかき揚げです。

「油に入れるとバラバラになってしまう」と、かき揚げを作ることに苦手意識を持つ方も多いはず。失敗しないコツは「衣に水を入れすぎない」ことです。先に具材と粉を合わせておき、そこに水を少しずつ加えます。具材同士がくっつく程度まで少量ずつ加えていきます。先に衣を作ると衣が重くなり、具材全部をまとめようとすると、水を入れすぎて衣がベチャッとしてしまいます。この方法なら粉も少量で、軽く仕上がり、素材の味をしっかり楽しめます。

それから、揚げるときは油に入れた直後は触らない！ きちんと固まるまで1分程度は我慢しましょう。

揚げるとキャベツの甘みが増します。お財布にやさしいのもうれしいですね。

［ 材 料 ］(4人分)

春キャベツ……… ½個
干し桜エビ……… 20g
レモン…………… ¼個
塩………………… 少々
薄力粉…………… 120g
冷水……………… 適量
揚げ油…………… 適量

［ 作り方 ］

1 キャベツの葉の白く硬いところは薄切りに、葉は粗く刻む。
2 ボウルに1と桜エビを入れ、薄力粉を全体にまぶすように手でざっくり混ぜ合わせる。
3 冷水を少しずつ加えて、具材同士がくっつくくらいまでまとめる。水を入れすぎて、衣が水っぽくならないように注意する。
4 170℃にした揚げ油に、スプーンですくった3を、一口大にまとめながら菜箸で滑らせるように落とし入れる。最初1分程度は触らずに表面を固め、その後2分程度は裏表を返しながら、表面がカリッとするまで揚げる。
5 油を切って器に盛り、切ったレモンと塩を添える。

MEMO かき揚げは天つゆで食べるのもおいしいけれど、まずはシンプルに塩で素材の甘みを味わってほしいな。このかき揚げをマスターできたら、いろんな旬の食材で作ってみてください。新タマネギ、新ニンジン、新ゴボウ……甘くておいしいですよ。

白菜まるまる1個を
葉の外と内、使い分け

白菜1個を使い切ることができる2品です。だいたい半分に分け、外側と内側の葉の特長を活かし、使い分けます。

まずはうま煮です。外側の葉を使います。ホタテの水煮缶のうまみを丸ごと味わえます。トロトロになった白菜とホタテのエキスの相性は抜群！

副菜のからし漬けは白菜の内側を使います。からしはぜひ粉からしを用意してください。練りがらしに比べて、断然風味がいいし、余分なものが入らない。その都度練るのは多少手間だけど、からし本来が持つツンと鼻に抜ける香りや辛みを味わうことができるので常備してほしいですね。

手でもみ込んで味付けし、落としラップをして冷蔵庫でさらに味をなじませると、3日はおいしく食べられますよ。

うま煮はご飯にかけて丼にしてもおいしいです。からし漬けは鍋の箸休めにもぴったり。白菜一つで、煮てとろとろ、生でシャキシャキと全く違う味わいを楽しめます。

ホタテと白菜のうま煮／白菜のからし漬け

ホタテと白菜のうま煮

［材料］（4人分）

白菜（外側の葉）…600g程度
ホタテ貝柱水煮缶（70g入り）…2個
サラダ油…………大さじ1
水溶き片栗粉…大さじ2
万能ネギ…………3本
黒コショウ………少々

水……………200cc
酒…………大さじ2
A しょうゆ………大さじ1
オイスターソース…大さじ1
砂糖…………小さじ2

［作り方］

1 万能ネギは小口切りにする。
2 白菜は緑の部分はざく切りに、芯に近い白い部分はそぎ切りにする（写真1）。
3 フライパンに油を入れ、2を白い部分から順に加えて炒める。しんなりしたらホタテを缶の汁ごと加え、Aも加えてひと煮立ちさせる。
4 弱～中火で2～3分煮て、水溶き片栗粉でとろみをつける。
5 器に盛って1をちらし、黒コショウをふる。

白菜のからし漬け

［材料］（5～6人分）

白菜（内側の葉）…400g程度
カツオ節…………適量

砂糖…………大さじ4
酢…………大さじ2と½
A 粉からし………大さじ1
塩…………大さじ1
みりん…………大さじ1

［作り方］

1 白菜の葉の緑の部分は細切りに、白い部分は長さ5cmの拍子木切りにする。
2 ボウルに1を入れてAを加え（写真2）、手でもみ込む（写真3）。表面にピッタリと落としラップをして、冷蔵庫で3時間以上おく。
3 軽く汁気を切って器に盛り、カツオ節をかける。

MEMO

粉からしは余ったら、おでんやシューマイ、サンドイッチなど、ほかの料理にもどんどん活用しましょう。白菜に限らず、他の野菜のからしあえもいけます。

3

2

1

モヤシの卵そぼろあんかけ

［ 材 料 ］(2人分)

モヤシ…………2袋
鶏ひき肉……….150g
卵……………..2個
塩……………..少々
ゴマ油…………大さじ1と½
水溶き片栗粉……大さじ2
一味唐辛子……..少々

A
だし………300cc
しょうゆ……大さじ2
みりん……..大さじ2
砂糖………大さじ1

［ 作り方 ］

1 鍋に湯を沸かし、モヤシをサッとゆでてザルに上げ、水気を切って熱いうちに塩とゴマ油であえて器に盛る。

2 フライパンを中火で熱してひき肉を炒める。色が変わってポロポロにほぐれるまでしっかり炒めたら、Aを加えてひと煮立ちさせる。アクを取り、水溶き片栗粉でとろみをつける。

3 卵を溶いて2に回し入れる。あまり触らず、ふんわりとなるように火を通す。

4 1に3のあんをかけて一味をふる。

一味でピリッと大人の味に

モヤシが主役になる家庭料理です。鶏ひき肉と卵の入った親子あんかけはモヤシ、ひき肉、卵と家計の味方の食材を使い、ボリューム満点のおかずになります。

モヤシは最初にサッとゆでて、シャキシャキした食感を保ちましょう。熱いうちに、塩とゴマ油であえます。ここでしっかり味をつけておくのがポイント。ひき肉を炒めるときはいつも「炒めきる！」と覚えておいてください。卵のふんわり感もポイントです。回し入れたら卵を崩したくないのである程度固まるまで触らないように。仕上げに木ベラでふわっと大きく混ぜる程度にします。余熱を考慮し「まだ早いかな」と思う半熟くらいのところで火を止めるとベストに仕上がります。

最後に一味をふれば、ピリッと大人の味になりますよ。

MEMO モヤシは水分が多いので、先に下味をつけておくと味がぼやけません。熱いうちに味付けしておくと冷める間に味が入っていきます。

ご飯・麺

五

アジと昆布のうまみでだしいらず

日本人にとってはやはりご飯は主食。食卓の主役になるショウガが利いた、大人の炊き込みご飯をご紹介します。

実は、炊き込みご飯は、新米が出回る前の時期にこそおすすめです。夏場は米の水分が少なくなっているので、そのぶんだしをよく吸って、おいしく仕上がるからです。

アジは最初に頭や内臓などを取って下処理し、塩をふっておきます。下処理済みのアジで作ってもOKです。グリルで焼き、骨を外し、粗めにほぐしておきましょう。細かくほぐすより粗めのほうが味のメリハリが楽しめます。

アジと昆布のうまみで十分おいしいので、だしいらず。アジ以外の魚では、タイやサケ、サンマなどを使ってもおいしくできます。新ショウガは辛みが少なく水分が多くて軟らかいので、たっぷり使うとおいしいです。

MEMO

魚を米と一緒に炊いてしまうと、身がパサつきうまみも抜けてしまいます。ご飯が炊き上がった後に、ほぐした身を散らすようにしましょう。

新ショウガとアジの炊き込みご飯

[材料]（作りやすい量）

アジ……………中1匹
米……………2合
新ショウガ………3かけ（40g）
白ゴマ…………少々
万能ネギ…………少々
塩……………少々

A
水……………340cc
だし昆布………5g
酒大さじ………大さじ2
薄口しょうゆ…大さじ2

[作り方]

1 米はといで30分以上浸水させる。目安は水を吸って白くなるまで。その後、ザルにあけ水気を切る。

2 Aは混ぜ合わせておく。

3 ショウガは皮をむき、千切りにする。水でさっと洗い、水気を切る。

4 アジは頭と内臓、ぜいご、うろこを取り、水気をふいて塩を全体にふり、魚焼きグリルで焼く。骨を外し、粗めに身をほぐす（写真1・2）。

5 土鍋に1、2、3を入れて、フタをして強火にかける。沸騰したら弱火にして10分炊く。炊き上がったら火を消し、フタをしたまま10分蒸らす。4を散らし（写真3）、白ゴマと刻んだ万能ネギをふる。

1

2

3

サツマイモと秋ザケの炊き込みご飯

秋の味覚を食卓に

秋の味覚をぜいたくに使って、炊き込みご飯を作ります。炊いたサツマイモの濃厚な甘みと、サケと塩昆布の塩味は相性抜群！炊飯器で簡単にできます。

サツマイモは角切りに、存在感を出すために大きめにごろっと切ります。水にさらすことで色もきれいに仕上がります。皮付きのままで大丈夫。サケは脂ののった生ザケを使ったけど、塩ザケでももちろんＯＫ。その場合は塩をふらなくていいです。米と一緒に炊き込む方法もありますが、生の魚を一緒に炊くとにおいが気になるし、身もパサついてしまうので僕は魚は別に焼いて、炊き上がったご飯に「最後に加える派」です。

「土鍋で炊き込みご飯に挑戦したい」方のために、火加減を簡単にお伝えします。最初は強火で沸騰したら中火で5分、それから弱火にしてさらに15分。ここで火を消します。ずっとフタはしたままで。ほぐしたサケを上にちらし、再度フタをして5分ほど蒸らすのは炊飯器と同じです。秋を存分に召し上がれ。

MEMO

料理の薬味は万能ネギが定番だけど、ミツバもこんな風に細かく切るといろんな料理に使えます。香りがあって違ったおいしさになるので、炒め物や煮物などにも試してみて。

【材料】(作りやすい量)

生ザケ切り身……1切れ
サツマイモ……中1本(200g)
ミツバ……3本
米……2合
塩昆布……10g
塩……少々
A 水……340cc
酒……大さじ2
薄口しょうゆ…大さじ2

【作り方】

1 米はといで30分浸水させる。ザルに上げて水気を切る。
2 サツマイモは1.5cm角に切り、水に数分さらし(写真1)、ザルに上げて水気を切る。
3 サケは塩をふって魚焼きグリルまたはフライパンで焼き、皮と小骨を取ってほぐす。
4 炊飯器(または土鍋)に1と2と塩昆布、Aを入れて炊く(写真2)。
5 炊き上がったら3を上にちらし、フタをして5分ほど蒸らす。
6 茶わんによそい、小口切りにしたミツバをちらす。

1

2

いろいろ手まりずし

［材料］（4人分）

マグロ（赤身刺し身用さく）…50g
サーモン（刺し身用さく）……50g
タイ（刺し身用さく）…………50g
殻付きエビ………4匹
シイタケ…………小4枚
ご飯…………400g
塩…………適量
スダチ…………2個

＝A＝
酢…………大さじ3
砂糖…………大さじ1と½
塩…………小さじ1

＝B＝
しょうゆ………大さじ2
みりん…………大さじ1

［作り方］

1 熱々のご飯にAを混ぜて酢飯を作り、粗熱を取る。

2 エビは殻付きのまま頭と背わたを取っておなか側に串を刺し、真っすぐにして塩ゆでする。色鮮やかになるまで1分弱ゆでたら冷水に取る（写真**1**）。冷めたらペーパータオルで水気をふいて殻をむき、腹開きにする。

3 シイタケは軸を取り、フライパンで両面を素焼きにして火を通し、塩をふる。

4 サーモンとタイは6〜7㎜の薄切りにして、軽く塩をふる。10分おいて水気をふく。

5 マグロは6〜7㎜の薄切りにしてBに5分つける。汁気をしっかりふく。

6 ラップに**2**〜**5**の具を1切れのせ、一口大に丸めた**1**をのせて茶巾に絞り、形を整える（写真**2**）。

7 器に盛り、切ったスダチを添える。

1

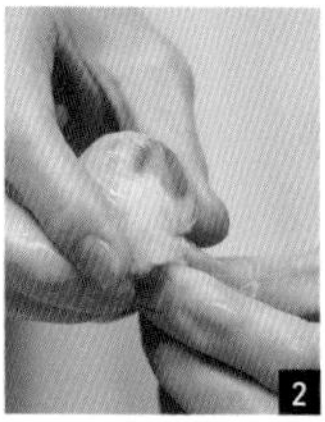
2

かわいくて見栄えもいい

かわいらしく、見栄えがよく、食べやすいのでお祝いの席や手土産にもぴったりです。

エビは、スーパーなどで手に入るブラックタイガーでも大丈夫。しっとりと色もきれいにゆでられるので殻付きのままで。串は身の中央ではなくおなか側、殻のすぐ内側に刺していくようにして、真っすぐに整えます。後で腹開きにしたとき、身が崩れず美しく仕上がります。ゆであがり、すぐに冷水に取るとさらに色鮮やかに。

マグロやタイなどの魚は、刺し身のさくを使うとよいでしょう。6〜7㎜の薄切りにすれば、1個分の手頃な大きさになります。白身魚は色をきれいに見せたいので塩味に。マグロの漬けはそのまま漬け丼に応用できます。値引き品の刺身でもおいしくできるのでお試しあれ。焼いてうまみを凝縮したシイタケがいい箸休めに。

MEMO

それぞれのネタに味付けし、しょうゆなどをつけなくても食べられるようにするのがポイントです。「いろいろ」手まりずしですから、ほかのネタでももちろんOK。イカやホタテ貝柱、生ハムなどお好みでチャレンジしてみてください。変わり種でアボカドをのせてもいいかもしれません。

軍艦いなりずし

具材は彩りを意識して

みんなが大好きないなりずしを、カラフルな具材が見える軍艦にしてみました。

油揚げは油抜きする前に、箸を転がします。こうすると摩擦で開きやすくなります。揚げにあまり色をつけたくないので、だしベースの煮汁で煮ましょう。揚げは煮汁をしっかり絞るとパサパサになってしまうので、両手ではさんでやさしく絞り、ジューシーな油揚げにします。

酢飯だけで仕上げてもおいしいけれど、彩りを意識して具材の組み合わせは「カニかま×ミョウガ」「しらす×キュウリ」「ウナギ×ウズラのゆで卵」の3パターン。見た目もさることながら、飽きずに美味しく食べられます。もちろんお好みの具材にアレンジしてOKです。小さめの俵形にした酢飯を詰め、口を上にして袋の端を外に折り返し、形を整えます。具材をトッピングすれば完成です。

［材 料］（12個分）

油揚げ…6枚
ご飯……600g
塩………少々
白ゴマ….適量
しらす….20g
キュウリ…½本
カニかま‥4本
酒…………大さじ1
ウズラのゆで卵…2個
ミョウガ………1個
ウナギのかば焼き‥½枚

A
- だし……….400cc
- 砂糖………大さじ4
- しょうゆ…..大さじ3

B
- 酢……..大さじ5
- 砂糖…..大さじ2
- 塩……..小さじ2

C
- 酢……..大さじ1
- 砂糖…..小さじ½

［作り方］

1 油揚げはまな板に置き、上で箸を転がして開きやすくする。沸いた湯に入れて2分ほどゆで、油抜きする。湯を切って冷ます。冷めたら半分に切って水気を絞り、口を開く。

2 1を鍋に並べ、Aを入れて火にかける。沸騰したら弱火にして、アルミホイルで落としブタをして15分ほど煮る。煮汁が少し残るくらいになったら火を止める。

3 ご飯にBを混ぜ、酢飯を作る。

4 キュウリは小口切りにし、塩もみして水気を絞る。Cであえる。

5 カニかまはほぐし、ミョウガは小口切りにして混ぜ合わせる。

6 かば焼きは酒をふり、レンジで温めて一口大に切る。

7 2の煮汁を軽く絞り小さめの俵形にした3を詰める。酢飯が見えるように口を上にして袋の端を外に折り返し、形を整える。4としらす、5、6と半分に切ったウズラのゆで卵をそれぞれトッピングする。

MEMO ごはんの量が多いと味のバランスが崩れます。小さめを心がけてください。

タコライス

休日のブランチ ひき肉は炒めきって

　僕が「休日のブランチ」と聞いて真っ先に頭に浮かぶのはこのタコライスです。和食のシェフがなぜ？　とお思いでしょうが、亡き妻が沖縄出身で、よく家で食べていたんです。こんな味だったかな、と思い出しながら作ってみました。野菜もたくさん食べられるし、ケチャップとウスターソースで絶対においしく作れる失敗知らずのレシピです。見た目がカラフルで冷めてもおいしいのでホームパーティーにもおすすめ。

　器にご飯を盛り、できたタコミートと野菜、アボカド、チーズをトッピングしたら、最後にちらすのは砕いたポテトチップス！　本当はタコスを使うんでしょうが、簡単に手に入るもので十分。食感が面白く、塩味がいいアクセントになります。

　子どもも大人も大好きな味であり、僕にとっての思い出の味、皆さんとシェアできればうれしいです。

［ 材 料 ］（2人分）

合いびき肉……200g
レタスの葉……3枚
プチトマト……4個
タマネギ……½個
ニンニク……1かけ
アボカド……½個
生食用チーズ……50g
ポテトチップス……適量
ご飯……400g
サラダ油……大さじ1
塩……1つまみ
A
- ケチャップ……大さじ2
- 酒……大さじ1
- しょうゆ……大さじ1
- ウスターソース‥大さじ1
- 砂糖……小さじ1
- コショウ……少々
- 一味唐辛子…少々

［ 作り方 ］

1. レタスは細切り、トマトはヘタを取って縦4等分に切る。
2. タマネギ、ニンニクはみじん切りにする。
3. アボカドは皮をむいて種を取り、1㎝角に切る。
4. フライパンに油を入れて中火にかけ、塩を1つまみふって2を炒める。しんなりしたらひき肉を加え、しっかり色が変わるまで炒めてほぐす。
5. Aを加え、汁気がほとんどなくなるまで炒めて、タコミートを作る。
6. 器にご飯を盛り、1、3、5と生食用の細切りチーズをトッピングし、上に砕いたポテトチップスをちらす。

MEMO　ひき肉は色が変わるまでしっかり炒めきってください。香ばしさが増します。調味料の中に、隠し味としてしょうゆを加えるのがポイントです。ひき肉は牛肉の肉らしい強いうまみと豚肉のジューシーな脂のうまみが両方楽しめる合いびき肉が使いやすい食材です。牛100%が必ずしもいいわけではありません。

バターを加えうまみアップ

実は僕、おそば屋さんが好きなんです。そば屋で出てくるカレー丼も大好き。だしが利いている「和」のカレーは、懐かしい味がしますよね。

ポイントは、やはりだしと仕上げのバターです。バターを加えるとコクが出てうまみも食欲もアップします。

タマネギの食感はあえて残します。水溶き片栗粉は水と片栗粉を1対1くらいが僕の好みです。ルーではなくカレー粉で作るのでサラサラと軽いスープです。

油揚げはコクが出るだけじゃなく、安くてボリュームがあり、なによりおいしいだしをたっぷり吸ってくれます。

丼のご飯にかけてグリーンピースをトッピングすれば、見た目もレトロな感じに仕上がります。

食べやすいマイルドな辛さで、子どもからお年寄りまで一緒に楽しめる味です。煮る時間が短く、夏に作りやすいのもいいですね。

MEMO

カレーうどんにしたかったのに、というあなた！　うどんにかけるなら、もう少しだしの量を増やして、サラサラに仕上げましょう。

おそば屋さん風カレー丼

［材料］（2人分）

- 豚こま切れ肉……200g
- タマネギ……½個
- 油揚げ……1枚
- グリーンピース水煮…少々
- ご飯……丼2杯分
- 水溶き片栗粉…大さじ2
- バター……5g

A
- だし……400cc
- しょうゆ……大さじ2
- みりん……大さじ2
- カレー粉……大さじ1
- 砂糖……小さじ1

［作り方］

1 タマネギは薄切りに、油揚げは2cm角に切る。

2 鍋にAを入れ（写真1）、よく混ぜ合わせて中火にかけ、温まりきる前に豚肉を加えてほぐす。沸騰したらアクを取る。

3 1を加えて弱火で1～2分程度煮る。

4 水溶き片栗粉でとろみをつけ、バターを加える（写真2）。

5 丼にご飯をよそって4をかけ、グリーンピースをのせる。

1

2

野菜のやさしいとろみ

野菜がメインの、すり流しそばをご紹介します。「すり流し」とは野菜をすりおろして、だしでのばした汁物のこと。素材を生かした和のスープ、和風ポタージュといったところでしょうか。長時間煮込む必要もなく、サッと作れます。

すり流しの野菜は長イモやカブ、空豆や枝豆などを使うこともありますが、今回は消化のよい根菜、レンコンをチョイス。冬のレンコンはみずみずしく、軟らかくて甘いので、旬を味わってほしいですね。汁のとろみで麺が冷めにくくなりますから、しっかり温まりますよ。

煮るのは鶏肉から。冷たい状態の煮汁から煮ることで、汁にうまみが出やすくなります。次いで薄切りのレンコン、シメジの順に加えます。1分ほど煮たら、すりおろしたレンコンの出番です。レンコンを加えたら、とろみがつくまでゆっくり混ぜながら煮ましょう。数分で、汁のとろみが変わってくるのがわかります。

とろとろの汁と、薄切りのシャキシャキ感との対比を味わってください。

MEMO

すりおろしたレンコンは片栗粉がなくてもとろみがつくので、普段のおつゆにも使えます。風邪のときや、胃が疲れているときにもおすすめです。ぜひ、試してみてください。

鶏とレンコンのすり流しそば

［材料］（2人分）

鶏もも肉……小1枚（200g）
レンコン……小1節（120g）
シメジ……1パック
絹サヤ……6枚
そば……2玉

A
だし……800cc
薄口しょうゆ……大さじ4
みりん……大さじ4
砂糖……大さじ½

［作り方］

1 レンコンは皮をむき、⅓を薄い半月切りにする（写真1）。残りはすりおろす（写真2）。

2 シメジは根元を切ってほぐす。絹サヤは筋を取る。

3 鶏肉は一口大に切る。

4 鍋にAを入れて火にかける。3を加えて沸騰したらアクを取り、2分ほど煮る。

5 薄切りにしたレンコン、シメジを加え、1分ほど煮てからすりおろしたレンコンを加える（写真3）。とろみがつくまで、混ぜながら煮る。最後に絹サヤを加え、さっと煮る。

6 そばをゆでて、湯を切って器に入れ5を注ぐ。

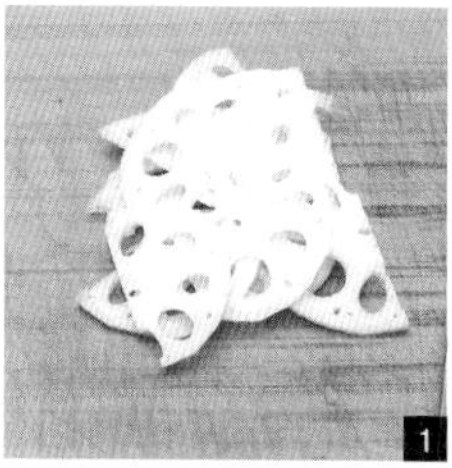
1

2

3

梅とろろそうめん

夏バテ撃退　さっぱりレシピ

暑い夏を乗り切る「夏バテ撃退レシピ」です。食欲がないときにスルスル食べられるのは、何といっても冷たい麺！　夏の定番・そうめんで、イチ推しのアレンジをご紹介します。

トッピングは長イモ。暑い時期は栄養豊富なネバネバレシピがおすすめ。長イモはイモの中でも水分が多いので夏にさっぱり食べられます。すりおろすと水分が出てくるので、おろさず包丁でたたくのがポイントです。小さなかたまりが少し残る程度に粗くたたくと、食感もよくなります。

塩分が気になる場合、梅干しは減塩タイプのものでOK。混ぜ合わせるとき油脂分（今回はサラダ油）を加えると、味がまろやかになりコクが出ます。

そうめんの代わりに冷やご飯でだし茶漬けのようにしてもおいしいし、梅やワサビで味のアクセントをつけると食欲もアップ。しっかり食べて夏を乗り切りましょう！

［材　料］（2人分）

長イモ…………150g
大葉……………5枚
梅干し…………2個
（塩分10%くらいのもの）
ワサビ…………少々
刻みノリ………適量
そうめん………3束

A
だし…………300cc
薄口しょうゆ……大さじ2
みりん………大さじ2

B
サラダ油……小さじ1
塩……………少々

［作り方］

1 つゆを作る。鍋にAを入れて火にかけ、ひと煮立ちさせて冷ます。食べる直前まで冷やしておく。
2 長イモは皮をむいて包丁でたたき、粗いとろろ状にする。梅干しは種を取り、包丁でたたく。ボウルに合わせてBを加え、さらに混ぜ合わせる。
3 大葉は千切りにしてさっと水で洗い、水気を切る。
4 そうめんを表示の通りゆでる。流水でもみ洗いして氷水で締める。水気をしっかり切って器に盛る。
5 4に1のつゆをかけ、上に2と3とワサビ、刻みノリをのせる。

MEMO　一番のポイントは、そうめんをゆでた後。ザルに取り、流水で麺をしっかりもみ洗いします。こんなに洗って大丈夫？　というくらいゴシゴシと洗う。この手間を惜しまないことで表面のヌメリや油が取れて、麺がなめらかに仕上がります。その後、しっかり氷水で締めてください。

ホタテとカブのあんかけ焼きそば

動かさずにじっくり焼く

旬で一段と甘みが増すカブをたくさん使い、食べ応えたっぷり、具だくさんのあんかけ焼きそばを作ります。

ベビーホタテはお手頃価格でうまみが強く、すでに火が通っているので、使いやすい食材です。カブは茎も使うので、葉付きのものを用意します。皮をむき2個はくし切りに、1個はすりおろします。カブの2種類の食感を楽しんでください。カブは生でも食べられるので、炒めるのはサッとでOK。

麺はほぐして軽く炒めるだけでもおいしいけれど、今回はしっかりパリッと焼き固めるのがコツ。動かしたり混ぜたりするといつまでも焼き目がつかないので、ひたすらガマン！　裏も同様にしっかりパリッと焼きましょう。食感が楽しめます。

あんはご飯にかけてもおいしいです。寒い日の夕食にピッタリですよ。

［材料］（2人分）

ベビーホタテ……8個
カブ……中3個
（葉つきのもの）
シイタケ……2枚
黒コショウ……少々
焼きそば麺……2玉
サラダ油……大さじ2
水溶き片栗粉……大さじ3
塩……少々
だし……400cc
A
みりん……大さじ2
しょうゆ……大さじ1
オイスターソース…大さじ1

［作り方］

1 カブは皮をむき2個は8等分のくし切りに、1個はすりおろす。茎は1個分を小口切りにする。
2 シイタケは石突きを取り、薄切りにする。
3 麺は水少々をかけてほぐす。フライパンに油大さじ1を入れて中火にかけ、麺を入れて丸く形作る。なるべく動かさず、両面にパリッと焼き色がつくまで7〜8分かけてじっくり焼く。
4 同時に、別のフライパンに残りの油を入れ、中火でホタテとくし切りのカブ、茎と2をサッと炒め、塩をふって味をつける。
5 しんなりしてきたらAを加えて炒め合わせ、だしを加える。ひと煮立ちさせ、水溶き片栗粉でとろみをつける。すりおろしたカブを加え、混ぜ合わせる。
6 皿に3を移し、5のあんをかけて黒コショウをふる。

MEMO　すりおろしたカブはあんに入れると麺にからみやすくなり、胃腸にもやさしいのでおすすめです。体も温まります。

賛否両論
SANPI RYORO

笠原将弘《かさはらまさひろ》

東京・恵比寿の日本料理店「賛否両論」店主。一九七二年東京生まれ。高校卒業後「正月屋吉兆」で九年間修業したのち、父の死をきっかけに武蔵小山にある実家の焼き鳥店「とり将」を継ぐ。二〇〇四年に「賛否両論」をオープン。テレビ、雑誌などメディア出演多数。著書に『鶏大事典』『超・鶏大事典』（共にKADOKAWA）、『和食屋がこっそり教える ずるいほどに旨い鶏むねおかず』（主婦の友社）など。

【初出】
本書は「往復食簡」（「毎日新聞」日曜版、二〇二一年一月十七日から二〇二二年十二月十八日掲載）に新たなレシピを加え、加筆再構成しました。

【スタッフ】
コーディネイト　色井香（g-chef）
スタイリング　八木佳奈

【連載】
毎日新聞日曜版
瀬尾忠義／銅山智子（構成）
尾籠章裕（撮影）／大井美咲（デザイン）

【書籍】
カバーデザイン・アートディレクション　坂川朱音（朱猫堂）
本文＋ＤＴＰ　株式会社ハッピージャパン
編集　藤江千恵子（毎日新聞出版）
撮影　タカハシトミユキ（P2〜44、74、124〜128）
特に表記のないものは毎日新聞社

日曜日《にちようび》の台所《だいどころ》
笠原将弘《かさはらまさひろ》のごちそう帖《ちょう》
おうちでカンタン！プロの味《あじ》

印刷　二〇二三年三月一〇日
発行　二〇二三年三月二〇日

著者　笠原将弘《かさはらまさひろ》
発行人　小島明日奈
発行所　毎日新聞出版
〒一〇二―〇〇七四
東京都千代田区九段南一―六―一七
千代田会館五階
営業本部　〇三―六二六五―六九四一
図書第一編集部　〇三―六二六五―六七四五

印刷・製本　中央精版印刷

ISBN978-4-620-32770-9